VERLAG 55 PLUS®
Denn das Leben ist. Freude.

Auf historischen Spuren zu großen Weinen

PIEMONT

Herbert Voglmayr

Impressum

ISBN 3-902441-05-4

1. Auflage

Published and Printed in Austria

Autor: Dr. Herbert Voglmayr, Wien
Lektorat: Dr. Anna Jungreithmayr, Linz
Einbandgestaltung/Illustrationen: Gernot Lauboeck, Wien
Fotos: Karl Baumgartner, Steyr
Cover-Foto Moncalvo: Karl Baumgartner, Steyr
Fotos auf Seite 95, 136 und 151: Ente Turismo Alba Bra Langhe e Roero, Alba
Druck: ueber:reuter print und digimedia gmbh, Korneuburg
Gestaltung und Layout: Verlag 55PLUS, Wien

Herausgeber und Verleger:
Verlag 55PLUS Buchverlagsgesellschaft mbH
A-1010 Wien, Schwedenplatz 2/33, Telefon: +43-1-276 25 36
eMail: office@verlag55plus.com, Internet: www.verlag55plus.com

Turin
Asti
Alba
Piemont
Italien
Adria
Tyrrhenisches Meer
Sardinien
Sizilien

VORWORT

Die **Weine** aus dem Piemont haben eine **geheimnisvolle Aura**: in der Jugend unnahbar und verhältnismäßig teuer, kennt sie dann kaum jemand auf ihrem Höhepunkt, nicht einmal die *«Weinpäpste»*, die sich ansonsten seitenweise über reife Bordeaux und Burgunder ergehen, wissen über 30 oder 40 Jahre alte Barolos viel zu berichten.

Die **Landschaft** des Piemont, seine Winzer, aber auch die *«Leit-Rebsorte»* Nebbiolo, sind eine charakterliche Einheit, wie man sie nicht oft antrifft: Von strenger Ästethik, nicht effekthascherisch, eher zurückhaltend, entziehen sich alle drei einer spontanen Euphorie, sondern begeistern erst allmählich. Ungleich den sanften, toskanischen Hügeln, mit ihren Zypressenalleen, wachsen die piemontesischen Weine auf atemberaubenden, zerklüfteten Hängen, und das schon seit ligurischen Zeiten, also vor den in diesem Zusammenhang immer wieder bemühten Römern.

Der **geschichtliche Zugang**, der in dem vorliegenden Buch gewählt wurde, ist wahrscheinlich auch der zielführendste. Das Verständnis für die spannungsgeladene, historische Entwicklung dieser Region, von der, obwohl ursprünglich französisch dominiert, im

19. Jahrhundert die Einigung Italiens ausging, mag auch das Verständnis für die Weine, die ja immer auch ein Abbild der Landschaft, der Menschen und der Kultur sind, aus der sie kommen, begünstigen, oder aber zumindest zum weiteren Eindringen in die Materie stimulieren.

Als **Cavour**, der vor seiner historischen Rolle als Einiger Italiens etwa 200 Hektar Weinberge bewirtschaftete, um 1850 beschloss, mit Hilfe von französischen Kellermeistern aus den Nebbiolos ernsthafte Konkurrenten für die schon damals in höchstem Ansehen stehenden Weine aus Bordeaux zu machen, lag er im Prinzip aber falsch: Erst Angelo Gaja erkannte die Verwandtschaft von Nebbiolo und Pinot Noir. Aber das ist schon die Gegenwart.

Heinz Kammerer
Wein & Co Gründer

Inhalt

EINLEITUNG

Dieses Buch möchte Sie auf historischen Spuren zu den großartigen Weinen des Piemont führen, Ihnen die geschichtlichen Besonderheiten dieser Region im Allgemeinen und ihrer Weinwirtschaft im Speziellen näher bringen. Neben der reizvollen Landschaft und den Rebsorten sollen nicht zuletzt die Menschen vorgestellt werden, die diese berühmten Weine hervorbringen – Weine, die manchmal zurückhaltend und verschlossen wirken, sich dem schnellen Genuss verweigern und oft erst nach langer Reifezeit ihre Aromenvielfalt preisgeben, dann allerdings nicht selten in einer atemberaubenden, vibrierenden Vielschichtigkeit, die einmal einen verzückten Weinverkoster zur Äußerung veranlasste: *«Dieser Wein beginnt im Mund zu singen.»*

Der Titel *«Auf historischen Spuren zu großen Weinen»* ist in dreifacher Hinsicht zu verstehen und ermöglicht die Lektüre des Buches je nach Interessenlage aus unterschiedlichen Blickwinkeln: Wenn Sie in erster Linie an der **«Geschichte des Piemont»** interessiert sind, finden Sie im ersten Abschnitt einen guten Überblick, der vor allem die Besonderheiten der piemontesischen Geschichte im Bezug zur historischen Entwicklung im übrigen Italien herausarbeitet.

Dabei werden dort, wo es sich ergibt, Querverbindungen zur Weinwirtschaft hergestellt: So war etwa Graf Camillo von Cavour nicht nur als Ministerpräsident von Sardinien-Piemont die zentrale politische Figur der italienischen Einigungsbewegung im 19. Jahrhundert, sondern er gab als Besitzer eines großen Weingutes in Grinzane Cavour (im heutigen Barolo-Gebiet) auch den Auftrag an einen französischen Kellermeister, aus der Nebbiolotraube einen trockenen, haltbaren Rotwein zu keltern, der dann unter dem Namen Barolo Furore machen sollte.

Wenn Sie vor allem an den Weinen interessiert sind, finden Sie im Abschnitt **«Wining & Dining»** reichhaltige Informationen über die piemontesischen Weine, Hintergrundinformationen zur Entwicklung des Weinbaus und zu den Vinifizierungsmethoden. Da der Wein als Teil der kulinarischen Tradition eines Landes zu verstehen ist – und für das Piemont gilt das in besonderer Weise –, enthält das Buch auch ein Kapitel über die piemontesische Küche und natürlich über die weiße Trüffel von Alba. Nicht so bekannt ist vielleicht, dass die Slow-Food-Bewegung (als Gegenbewegung zur Fast-Food-Kultur) vom Piemont ihren Ausgang nahm, daher finden Sie auch zu dieser bemerkenswerten Strömung ein informatives Kapitel.

Um sich auf die Spuren des Gelesenen zu begeben, können Sie das Buch auch als Reiseführer verwenden. Im Abschnitt **«Reisevorschläge»** finden Sie Informationen zu den wichtigsten Städten und ausführlich beschriebene **«Touren»** durch die Weingebiete, bei denen Sehenswürdigkeiten kurz beschrieben, wichtige Ereignisse quasi *«unterwegs»* erzählt und vor allem jede Menge **«Tipps und Adressen»** - zu Weinkellereien, Restaurants, Veranstaltungen ... - gegeben werden.

Und wenn Sie zurzeit nicht verreisen können und sich dafür zu Hause einen gemütlichen piemontesischen Abend machen wollen, finden Sie einige **«Rezepte»** für Schmackhaftes aus der piemontesischen Küche, von den vielen im Buch enthaltenen Weinempfehlungen gar nicht zu reden.

Schöne Reise, guten Appetit und zum Wohl!
Buon viaggio, buon appetito e salute!

GESCHICHTE DES PIEMONT

Piemont, eine faszinierende Region am Nordwestrand Italiens

Als im 18. und 19. Jahrhundert Goethe, Heine, Dickens, Byron und in ihrem Gefolge Scharen europäischer Bildungsbürger über die Alpen nach Süden zogen – ins Land, wo die Zitronen blüh'n – da zogen sie, mit wenigen Ausnahmen, am Piemont vorbei. Das lag einerseits an der westlichen Randlage des Piemont, andererseits aber auch daran, dass man das Königreich der Savoyer eher zu Frankreich als zu Italien, dem *«Traumland mediterraner Leichtigkeit»*, zählte. Darüber hinaus galten die Savoyer als eine der bigottesten und reaktionärsten Herrscherdynastien Europas, was auf bürgerliche Freigeister nicht gerade anziehend wirkte. Und so wurde das Piemont nicht von berühmten Bildungsreisenden verherrlicht wie andere Regionen Italiens. Das trug wahrscheinlich mit dazu bei, dass es als Reiseziel erst spät entdeckt wurde und vom Massentourismus weitgehend verschont blieb. Erst als in den 50er Jahren des 20. Jahrhunderts die großen Weine des Piemont – Barolo und Barbaresco – internationale Berühmtheit erlangten, begannen sich die Feinschmecker unter den Touristen für dieses Land zu interessieren und es sprach sich bald herum, dass man hier zum guten Wein eine ebenso gute Küche findet. Immer noch relativ wenig bekannt ist jedoch, dass das Piemont nicht nur kulinarisch Großartiges zu bieten hat, sondern auch landschaftlich und kulturhistorisch zu den interessantesten und vielseitigsten Gegenden Italiens zählt.

Geologisch gliedert sich das Piemont in drei völlig gegensätzliche Landschaften: das Hochgebirge des Westalpenbogens, die vollkommen flache Po-Ebene zu seinen Füßen und das sehr südländisch, fast toskanisch anmutende Mittelgebirge des Monferrato und der Langhe im Südosten des Landes. Neben diesen drei Großlandschaften sind noch zwei besonders schöne Akzente der oberitalienischen Seenlandschaft zu nennen, nämlich der kleine Orta-See und das ganze Westufer des Lago Maggiore mit der schwelgerischen Blütenpracht seiner mediterranen Flora sowie ein schmaler Gürtel von Moränenhügeln, der sich entlang des Westalpenbogens vom Lago Maggiore bis südlich des Eingangs zum Aostatal hinzieht.

Jede dieser Landschaften hat ihren eigenen Reiz, doch zusammengenommen bilden sie ein atemberaubendes Panorama. Der Blick von den Weinhängen der Langhe über die schmale Po-Ebene auf die schneebedeckte Viertausenderkette der Westalpen gehört zu den spektakulärsten Landschaftsbildern Italiens. Der Anblick der Alpen, die das Land hufeisenförmig umgeben, ist hier besonders imposant, weil sie fast unmittelbar von der Ebene in Höhen über 4.000 Meter aufragen. Dieser einzigartige Anblick, der an klaren Tagen von nahezu jedem Punkt des Landes zu sehen ist, hat dem Land seinen Namen gegeben: Es liegt *al piè dei monti* – am Fuß der Berge.

Obwohl das piemontesische Hügelland geologisch gesehen eine einheitliche Formation darstellt, wird es heute geografisch in **drei Zonen** unterteilt:

Der nördliche Teil wird von den *Colline Torinesi* (Turiner Hügelland) gebildet, die unmittelbar am Rande der Stadt aufsteigen und sich nach Osten erstrecken. Den großen Mittelteil bildet das Monferrato um Asti, während die Hügelketten südlich von Alba den Namen *Langhe* (ein piemontesischer Ausdruck für Hügelketten) tragen, die sich als Alta Langa im Süden auf über 1.000 Meter erheben und dann in die Berge der ligurischen Seealpen übergehen.

In **Kunst und Geschichte** des Piemont spielt die Nähe zu Frankreich eine große Rolle. Die tiefen und oft schluchtartigen Täler der piemontesischen Westalpen waren seit jeher wichtige Verbindungswege nach Frankreich. Über die Alpenpässe kamen französische Ritter und teilten sich die Herrschaft im Aosta-Tal. Französische Grafen, die Savoyer, nahmen das Susa-Tal, schließlich Turin und zuletzt ganz Piemont in Besitz. Und es gab mehr französische als italienische Markgrafen. So entstand hier eine Mischung aus französischer und italienischer Kunst, die es weder in Frankreich noch in Italien ein zweites Mal gibt:

Turin ist das einzigartige Beispiel einer französischen Residenzstadt, die zur Gänze nach Pariser Vorbild und in italienischem Barock erbaut ist. Der Kreuzgang des Klosters Ss. Pietro ed Orso in Aosta ist nach Vorbildern provenzalisch-burgundischer Architektur erbaut und mit italienischen Terrakotta-Dekorationen versehen. Der Dom S. Maria Assunta in Saluzzo ist eine lombardische Kathedrale auf französischem Grundrissschema und die Gräber der Markgrafen von Saluzzo prangen in französischer Flamboyant-Gotik. Viele piemontesische Rittersäle und Klöster wurden von französischen Hofmalern mit Fresken versehen. Das sind nur einige wenige Beispiele für eine Kunstlandschaft, die es in dieser Art nur hier gibt und die noch weitgehend unentdeckt ist *(Mehr zu Turin -> S. 117)*.

Im **piemontesischen Hügelland**, insbesondere im Monferrato und in den Langhe, hat man eine südländische Kulturlandschaft vor sich, in der sich Architektur und Landschaft in wunderschöner Harmonie verbinden. Schier endlos rollen die Hügelketten hin mit ihren von Weinreben bedeckten Hängen und den markanten Silhouetten der zahlreichen Burgdörfer, die mit ihren Türmen und Kuppeln die Bergkuppen zieren wie Schaumkronen ein wellenbewegtes Meer.

Jean Jacques Rousseau, der französische Philosoph der Aufklärung, bezeichnete diese Landschaft als das schönste Bild, das sich dem menschlichen Auge darbieten könne. In den Tälern dieser Hügel liegen vor allem im Herbst oft kleinere oder größere Nebelschwaden, die den lieblichen, harmonischen Eindruck dieser Landschaft noch unterstreichen und der führenden Rebsorte des Piemont, der Nebbiolotraube, ihren Namen gegeben haben. Nebbiolo kommt von Nebbia, dem italienischen Wort für Nebel, was damit zu tun hat, dass diese Rebsorte in den häufig auftretenden Frühnebeln der Langhe besonders gut gedeiht und die reifen Trauben von einem feinen, nebelartigen Schleier überzogen sind.

Als besonderes Lob des Piemont kann gelten, dass sich eine Reise in diese Gegend der Kunst wegen ebenso lohnt wie wegen des Gaumengenusses. Neben den interessanten Kunstwerken und der bezaubernden Landschaft gibt es hier großartige Weine und eine exzellente Küche, die nicht als exquisite Haubenküche, sondern als ziemlich selbstverständliche Gasthausküche besticht und als Krönung eine Zutat hat, die in dieser Qualität nur hier wächst: die *weiße Trüffel von Alba* *(Mehr über die Trüffel -> S. 94)*, die beste der Welt. Sie schmeckt aber nur wirklich gut, wenn sie ganz frisch genossen wird, weil ihr betörender Duft schon nach wenigen Tagen vergeht und ein eher muffig-erdiger Geruch verbleibt. Hier im Piemont, vor allem in den Städtchen Alba und Asti, in deren Umgebung die weißen Trüffeln wachsen, kann man mittags und abends die Trüffeln essen, die in der Nacht zuvor aus dem Boden geholt wurden. Wenn man durch die alten Städtchen flaniert und aus den Gewölbeküchen der Restaurants die unvergesslichen Duftschwaden der frisch geernteten Trüffeln auf die mittelalterlichen Gassen ziehen, dann verbinden sich Kunst und Küche zu einem einzigartigen Erlebnis.

Piemont zur Römerzeit und im Mittelalter

Piemont wurde um 1500 v. Chr. vom altmediterranen Volk der Ligurer besiedelt, die dann um 400 v. Chr. von den Kelten, die über die Alpen kamen, in die Seealpen und an die Mittelmeerküste, ins heutige Ligurien, verdrängt wurden. Als Hannibal 218 v. Chr. die Alpen überquerte, um dann von Piemont aus überraschend ins Römische Reich einzufallen, stellten sich fast alle oberitalienischen Keltenstämme auf seine Seite. 187 v. Chr. bauten die Römer von ihrem Kriegshafen *Ariminum* (Rimini) die Militärstraße Via Aemilia bis ins Zentrum der Po-Ebene und besiegten die Keltenstämme vollständig. Mit den in der Folge errichteten militärischen Befestigungsbauten diente Oberitalien als Sprungbrett nach Germanien und Gallien.

Nach dem **Untergang des Römischen Reiches** zogen während der Völkerwanderung Westgoten, Alemannen, Sueben, Heruler, Burgunder und Ostgoten durch das Piemont und zerstörten die antike Infrastruktur, sofern sie sie nicht für sich nutzen konnten. 568 n. Chr. drangen die Langobarden als letztes germanisches Wandervolk in Italien ein und errichteten für mehr als 200 Jahre ein relativ stabiles Königreich mit Zentrum in Oberitalien, das auch das Piemont einschloss. 774 vernichteten die Franken unter Karl dem Großen auf Wunsch des Papstes das Reich der

Langobarden, weil diese keinen päpstlichen Hoheitsanspruch über ihren Staat anerkennen wollten und den Papst nur als Bischof von Rom betrachteten. Karl wurde König der Langobarden und dehnte das karolingische Reich auf ganz Oberitalien aus. 887 zerfiel das Frankenreich in Oberitalien und hinterließ ein Chaos, in dem ein mehrere Jahrhunderte dauernder Krieg aller gegen alle um die Vorherrschaft ausbrach.

Um 900 fielen wiederholt ungarische Reiterheere in Oberitalien ein und drangen brandschatzend und plündernd bis ins Piemont vor. Aber während sich nach ihrem Abzug überall in Italien und besonders in Oberitalien und der Toskana in den Resten der zerstörten Städte wieder urbanes Leben regte und das ganze Land langsam von der einheitlichen Kultur der großen Stadtrepubliken geprägt wurde, wurde das Piemont durch die **muslimischen Sarazenen**, die von ihrem Stützpunkt in Fraxinetum (in der Nähe des heutigen St. Tropez) aus einfielen, noch stärker verwüstet. Die Sarazenen lebten ausschließlich von Raub und Plünderungen und zerstörten in der ersten Hälfte des 10. Jahrhunderts im Piemont nahezu das gesamte kulturelle Leben. Die Herrschaftsbauten der langobardischen Markgrafen, die karolingischen Kirchen und frühmittelalterlichen Kathedralen fielen alle der großen Katastrophe zum Opfer.

Außer den römischen Bauten blieben von der Kunst des ersten Jahrtausends nur die frühromanischen Turmbauten, die so genannten Sarazenentürme, die als dichtes Netz von Aussichtsposten die dominierenden

Höhen des südlichen Monferrato und der Langhe überzogen.

Als 973 **provenzalische Ritter** die Sarazenen aus Fraxinetum vertrieben, war das gesamte Piemont bis an die Grenze der Lombardei verödet, die Städte und Handelswege zerstört, das Land fast menschenleer. Die historisch fassbare Entwicklung begann später und verlief anders als im übrigen Oberitalien, weil sich hier wegen der vollkommen zerstörten Handelswege keine mächtigen Stadtrepubliken entwickeln konnten. Zuerst versuchten die Reste des fränkischen und langobardischen Hochadels sich eine waffenfähige Gefolgschaft zu verschaffen, indem sie jeden Mann, der ein Schwert führen konnte, zum Kleinadeligen beförderten und ihm Land gaben, das ja zur Genüge verfügbar war. Der so entstehende Landadel begann langsam, zusammen mit der Kirche und den sich nach und nach ansiedelnden Klöstern, das Land wieder zu kultivieren. Erst als einigermaßen zivilisierte Zustände hergestellt waren, konnten sich mit deutlicher Verspätung auch im Piemont **republikanisch organisierte Handelsstädte** entwickeln, die aber schwächer waren und sich stets der ungebrochenen Macht feudaler Territorialstaaten gegenübersahen.

Während im übrigen Oberitalien und in der Toskana die mittelalterliche Geschichte davon geprägt war, dass mächtige, republikanisch organisierte und von keinem Adelsherrn abhängige Stadtstaaten wie Mailand, Verona, Mantua, Venedig, Florenz entstanden und die Landadeligen entmachtet wurden oder als

Handelsherren in die Städte zogen, blieb im Piemont neben der Stadtkultur der feudale Landadel in Politik und Kunst bestimmend. Als erste Stadtrepubliken *(Comuni)* entstanden im 11. Jahrhundert Novara und Asti, später folgten Vercelli, Chieri, Alba, Tortona und Turin.

Im Jahre 1033 kamen die **Savoyer** als kleine Grafen aus Frankreich zum ersten Mal ins Piemont und sahen ihre Chance, in dem chaotischen Land, wo sich noch niemand endgültig durchgesetzt hatte, politisch zu reüssieren. Vorerst aber erlitten sie in dem allgemeinen Kriegszustand, der im Piemont noch bis zum 14. Jahrhundert anhielt, ein sehr wechselvolles Geschick.

Es kämpften alle gegen alle: Innerhalb der Städte befehdeten sich papsttreue Guelfen und kaiserliche Ghibellinen, die Stadtrepubliken kämpften untereinander um die Vorherrschaft über die Handelswege, bei den Adeligen kämpften die Markgrafen von Savoyen, Saluzzo und Monferrato in wechselnden Bündnissen gegeneinander und gegen die Städte. Da keine Partei stark genug war sich durchzusetzen, beschränkten sich die Kriegszüge meist auf die Verwüstung der gegnerischen Gebiete und das Ganze nahm so verheerende Ausmaße an, dass das ländliche Piemont beinahe ein zweites Mal entvölkert worden wäre.

In diesen verheerenden Kämpfen um die Vorherrschaft wäre es der reichen Handelsstadt Asti beinahe gelungen, zur dominierenden Macht zu avancieren. Ihr Aufstieg zur mächtigsten Stadtrepublik im Piemont begann um 1100. Als Kaiser Friedrich I. Barbarossa 1154 eine Art Kreuzzug gegen die immer mächtiger werdenden Comuni in Oberitalien führte und mit seiner Armee die Stadtrepubliken Chieri, Susa und Tortona zerstörte, war Asti bereits so reich, dass es sich mit einer ungeheuren Geldsumme von der Zerstörung loskaufen konnte. 1252 begann Asti einen Krieg gegen die Savoyer, die sich mit dem Markgrafen von Saluzzo verbündeten. Die Truppen der Adeligen wurden von Asti vernichtend geschlagen und zogen sich nach Turin zurück, wo ein Volksaufstand ausbrach. Die beiden Markgrafen wurden gefangen genommen und an Asti ausgeliefert, das für ihre Freilassung 1257 die Herrschaft über Cavour, Carmagnola, Villafranca, Revello, Turin und Chieri erhielt. Als 1259 schließlich auch noch das benachbarte Alba erobert wurde, war Asti auf dem Höhepunkt seiner Macht. Bevor es jedoch seine Macht stabilisieren konnte, kam 1260 der vom Papst gerufene französische **Herzog von Anjou** nach Italien, um das Erbe der vernichteten deutschen Staufer anzutreten. Er besiegte Asti in einer großen Schlacht, worauf dessen ungefestigtes Herrschaftsgebiet auseinander fiel.

Aus dieser Zeit stammt eine tief sitzende **Rivalität** zwischen der Bevölkerung **Astis** und **Albas**, die bis zum heutigen Tage anhält und immer noch so stark ist, dass es die Bürgermeister der beiden Nachbarstädte vor ein paar Jahren für nötig befanden, sich am Ufer des Tanaro zu treffen und in einem offiziellen Akt eine Art Friedenserklärung abzugeben. Wie tief die Animosität zwischen den Bewohnern der beiden Städte geht, zeigt auch die Geschichte um den *Palio*, ein Pferderennen, das es in mehreren italienischen Städten gibt und bei dem die verschiedenen Stadtteile alljährlich gegeneinander antreten. Der Pferdepalio von Asti wird jedes Jahr in Alba mit einem Eselspalio verspottet. *(Näheres zum Pferdepalio in Asti -> S. 197 und zum Eselspalio in Alba -> S. 194)*.

Im 14. und 15. Jahrhundert kam es zu einem Niedergang der Stadtstaaten. Asti ruinierte sich in den ersten Jahrzehnten des 14. Jahrhunderts durch mörderische Familienfehden zwischen den papsttreuen Solaro und den kaisertreuen De Castello selbst. Die Zustände wurden so chaotisch, dass die Stadtväter 1342 die mächtigen Visconti aus Mailand zu Hilfe riefen, womit der endgültige Abstieg Astis begann. Nach dem Ende Astis war die Zeit der Stadtrepubliken im Piemont für immer vorbei. Die drei großen feudalen **Territorialmächte Monferrato, Saluzzo und Savoyen** hatten sich konsolidiert und fielen nun im Kampf um die Vorherrschaft im Piemont übereinander her.

Der Aufstieg Piemonts zum Königreich

Die Kriege und Scharmützel, die zwischen den drei piemontesischen Feudalherrschaften mit wechselnden Bündnissen um Gebietserweiterungen geführt wurden, fanden ein abruptes Ende, als der französische König Karl VIII. 1494 seinen ersten Italienfeldzug begann. Eine Tochter der Mailänder Herzöge hatte ins französische Königshaus eingeheiratet, woraus die Franzosen den Anspruch ableiteten, die reiche Stadt Mailand zu erobern und in ihren Besitz zu nehmen, was ihnen 1499 im zweiten Feldzug unter König Ludwig XII. auch gelang.

Als die Franzosen **Ludovico il Moro**, den letzten Regenten von Mailand, gefangen nahmen und im Kerker sterben ließen (1535), verlangte der Hasburger **Karl V.**, römisch-deutscher Kaiser und König von Spanien, Mailand als erledigtes Reichslehen von den Franzosen zurück. Während des Krieges zwischen den beiden Großmächten wurde das Piemont zum Aufmarsch- und Kampfgebiet, der Durchzug französischer, deutscher und spanischer Söldnerheere, Plünderungen und Pest ruinierten das Piemont wieder einmal fast völlig. Frankreich annektierte das inzwischen zum Herzogtum avancierte Savoyen (Amedeo VIII. hatte 1416 vom deutschen Kaiser Sigismund den Herzogtitel gekauft) und die Markgrafschaft Saluzzo.

Die Markgrafschaft Monferrato fiel, nachdem 1533 der letzte Markgraf aus der Paläologen-Dynastie, **Giovanni Giorgio von Monferrato**, gestorben war, an die angeheiratete Familie Gonzaga, die Herren von Mantua.

Der Krieg zwischen Frankreich und dem habsburgisch-spanischen Riesenreich Karls V. endete 1559 mit dem Friedensvertrag von Cateau-Cambrésis, in dem die Niederlage der Franzosen besiegelt wurde. Mailand fiel an die spanische Linie der Habsburger und die Savoyer bekamen ihr völlig verwüstetes Herzogtum zurück, in dem französische und spanische Truppen noch lange einzelne Stützpunkte hielten. Die Markgrafschaft Saluzzo blieb französisch. Der Savoyer Emanuele Filiberto zog 1563 in Turin ein und verlegte die Residenz des **Hauses Savoyen** aus dem französischen Chambéry nun endgültig nach Turin. Er baute das Staatswesen im Piemont nach dem Muster des französischen Absolutismus zentralistisch auf, wodurch das bis dahin unbedeutende Städtchen Turin einen glanzvollen Aufstieg erlebte.

Carlo Emanuele I., genannt *il Grande* (der Große), regierte von 1580 bis 1630 und führte den Ausbau Turins zur prunkvollen Residenzstadt fort. Unter ihm überfielen die Savoyer 1588 das französische Saluzzo und eroberten die Stadt nun schon zum dritten Mal. Die französischen Rückeroberungsversuche zogen sich über zehn Jahre hin und blieben erfolglos. Nach Vermittlung durch den Papst verblieb die Markgrafschaft Saluzzo endgültig bei den Savoyern, die dafür das Gebiet der Bresse in Ostfrankreich an die französische Krone abtreten mussten. Nun gab es im Piemont nur mehr zwei große Feudalherrschaften, nämlich **Savoyen** und **Monferrato**.

Als im Jahre 1626 die Gonzaga, die Herren von Monferrato, ausstarben und die Nevers, deren französische Nebenlinie, das Erbe antreten wollten, verständigten sich die Spanier in Mailand und die Savoyer, die beide die Franzosen nicht mehr in Italien haben wollten. Die Savoyer überfielen 1629 das Monferrato und die Spanier belagerten die Residenzstadt Casale. Das hatte allerdings zur Folge, dass eine französische Armee die Alpen überschritt und in kurzer Zeit das gesamte Piemont besetzte. Noch während der Abwehrkämpfe starb 1630 Carlo Emanuele I., il Grande, und hinterließ die Herrschaft seinem kränkelnden Sohn **Vittorio Amedeo I.** - der mit der Schwester des französischen Königs verheiratet war.

Nach Vittorio Amedeos Tod übernahm 1636 seine Frau *Cristina di Francia* (**Christina von Frankreich**) die Alleinherrschaft und überging dabei die erbberechtigten Prinzen Tommaso und Maurizio, die daraufhin einen antifranzösischen Aufstand anzettelten. Es kam zum Krieg zwischen den *Principisti* (Anhänger der Prinzen) und den *Madamisti* (Anhänger von Madame), der zum zerstörerischen Bürgerkrieg ausartete. *Madama Reale* (Königliche Madame) Cristina starb 1662, was aber an den Verhältnissen im Hause Savoyen nichts änderte, da ihr Sohn Carlo Emanuele II. mit einer ebenso ehrgeizigen französischen Adeligen,

Giovanna Battista von Nemours, verheiratet war, die dafür sorgte, dass das Piemont für weitere Jahrzehnte gänzlich an Frankreich gebunden blieb. Turin wurde in dieser Zeit als *«Vorzimmer des französischen Königs»* verspottet. 1684 übernahm der Sohn von Giovanna Battista nach heftigen innerfamiliären Auseinandersetzungen als **Vittorio Amedeo II.** die Macht in Turin. Er war stark genug, wieder eine eigenständige Politik gegenüber Frankreich zu betreiben, wozu er allerdings seine Mutter in den später nach ihr benannten Palazzo Madama in Turin verbannen musste, von wo aus sie franzosenfreundliche Intrigen gegen ihren Sohn inszenierte.

Im Jahre 1700 starb Karl II. – der Letzte der spanischen Habsburger – ohne Erben, was den Spanischen Erbfolgekrieg (1701–1713) um das mächtige Spanien und seine riesigen Kolonien auslöste. Dabei gerieten alle europäischen Großmächte aneinander, besonders Frankreich und das österreichische Habsburg. Zwischen den Krieg führenden Mächten lag wieder einmal das Piemont. Die Savoyer waren offiziell mit den Franzosen verbündet, führten aber schon zu Beginn des Krieges Geheimverhandlungen mit den Habsburgern. Die Franzosen, die den Savoyern zu Recht misstrauten, nahmen 1703 die gesamte piemontesische Armee und ihre Generäle gefangen. Als Antwort darauf ließ Vittorio Amedeo II. alle Franzosen auf seinem Staatsgebiet verhaften und trat nun offiziell dem Bündnis gegen Frankreich bei. Die französischen Truppen eroberten weite Teile Oberitaliens und belagerten zuletzt mit einer riesigen Armee das gut befestigte Turin, in dem sich der letzte piemontesische Widerstand unter Vittorio Amedeo verschanzt hatte und erbitterten Widerstand leistete. Die Belagerung von Turin wurde zu einer der entscheidenden Schlachten des Spanischen Erbfolgekrieges. Nach fast vier Monaten Belagerung erschien der **Feldherr Prinz Eugen** aus der Seitenlinie Savoyen-Carignano mit einem österreichischen Entsatzheer und sprengte den französischen Belagerungsring. Prinz Eugen machte sich mit dieser Schlacht zum ersten Mal einen Namen als großer Heerführer. Die Franzosen wurden aus dem Piemont und wenig später aus ganz Oberitalien vertrieben.

Der Spanische Erbfolgekrieg endete 1713 mit dem Frieden von Utrecht, durch den den österreichischen Habsburgern unter anderem Mailand zufiel. Die Politik der **Savoyer**, dem richtigen, weil siegreichen Bündnis beizutreten, wurde in doppelter Weise honoriert: Erstens erhielten sie die Stadt Alessandria und das gesamte Monferrato, womit auch die letzte der drei großen piemontesischen Feudalherrschaften in ihre Hände kam. Zweitens wurde ihnen von den Siegermächten ihr Herzenswunsch nach einem Königstitel erfüllt, indem ihnen das unbedeutende, ehemals spanische Königreich Sizilien zugesprochen wurde. Als Sizilien 1718 von den Spaniern zurückerobert wurde, verlangten die Savoyer Ersatz und erhielten von den europäischen Großmächten die noch unbedeutendere Insel Sardinien zugesprochen. Sie waren von da an die stolzen, wenn auch kleinen Könige von Sardinien-Piemont am Rande der Großmächte.

Das Piemont hatte damit fast seine heutigen Ausmaße erreicht. Die letzten Gebietsgewinne erfolgten unter **Carlo Emanuele III.**, der 1732 die noch bestehende autonome Sonderstellung des Aosta-Tals aufhob und das Tal zu einer Turiner Provinz machte. Schließlich erhielt er 1748, nachdem er sein kleines Königreich mit wechselnden Bündnissen erfolgreich durch den Polnischen und den Österreichischen Erbfolgekrieg laviert hatte, noch das Westufer des Lago Maggiore.

In Turin wurde die barocke Stadterneuerung, die von den bisherigen Herzögen von Savoyen begonnen worden war, von den nunmehrigen **Königen von Sardinien-Piemont** mit einem Prunk vollendet, der eines absolutistischen Fürsten würdig war. Auf dem Straßenraster, der aus der Römerzeit stammt und von rechtwinkeligen, schnurgeraden Linien geprägt ist, entstand nach Pariser Vorbild eine prachtvolle Residenzstadt in italienischem Barock, eine architektonische Einzigartigkeit, die es in dieser Form weder in Frankreich noch in Italien ein zweites Mal gibt. Die damals entstandene und bis heute fast unverändert erhalten gebliebene Altstadt von Turin zählt architektonisch zum Eindrucksvollsten, was Italien zu bieten hat. Um den Königshof wurde in verschwenderischem Prunk eine Unzahl an breiten, langen Boulevards und Alleen mit wunderschönen barocken Arkaden und repräsentativen Plätzen angelegt. Da die Stadt praktisch neu erbaut wurde, mussten die Baumeister kaum auf Bestehendes Rücksicht nehmen und errichteten in einer reizvollen, wohl durchdachten Anordnung dominante Kirchenbauten und eine Fülle an prächtigen Palästen, Villen und Gartenanlagen. Zur Krönung umgab man schließlich die Stadt noch mit einem Kranz prunkvoller Schlösser. Die berühmtesten Baumeister dieser durchgehend barocken Architektur waren Carlo und Amedeo Castellamonte, Guarino Guarini, Filippo Juvarra und Bernardo Vittone.

Piemont und die Französische Revolution

So großzügig die Könige von Sardinien-Piemont in der künstlerischen Gestaltung ihrer Residenzstadt waren, so engstirnig und intolerant waren sie in ihrer politischen Geisteshaltung. Die Savoyer Könige des 18. Jahrhunderts – Vittorio Amedeo II. (1684–1730), Carlo Emanuele III. (1730–1773) und Vittorio Amedeo III. (1773–1796) – waren alles andere als aufgeklärte Herrscher. Sie werden von allen Historikern als erzkonservative und bigotte Feudalfürsten beschrieben, die von einem bornierten absolutistischen Selbstverständnis geprägt und zutiefst aufklärungsfeindlich waren. Von dieser fundamentalistischen Gesinnung war auch die Gestaltung ihres Staatswesens dominiert.

Zwei Drittel der Staatsausgaben flossen in die Armee und darüber hinaus noch ein beträchtlicher Teil in die Finanzierung des höfischen Luxus. Am Turiner Hof entstand ein riesiger Beamtenapparat, dessen Aufgabe nicht zuletzt darin bestand, die absolute Macht der Feudalfürsten zu demonstrieren, der dem Piemont im übrigen Italien den Beinamen ***«Preußen Italiens»*** einbrachte. Alle Universitäten außerhalb Turins wurden aufgelöst und das Bildungswesen allein in Turin konzentriert. Das Studium an der Turiner Universität war nicht durch die Freiheit des Wortes, sondern durch

Gesinnungskontrolle geprägt. Eine königliche Kommission hatte den Respekt der Professoren vor den Savoyern und der Religion zu überwachen und schon bei geringsten Anzeichen von Dissidenz strenge Strafen zu verhängen. Eine dreimalige Ermahnung wegen fehlenden religiösen Eifers genügte, um von der Universität verwiesen zu werden.

Die Ideen der Aufklärung im benachbarten Frankreich stießen bei den Herrschern in Turin auf völliges Unverständnis. **Vittorio Amedeo III.** stellte mit großer Verwunderung fest, dass sich Turin immer mehr mit französischen Adeligen bevölkerte, die vor der Revolution geflohen waren. In Verkennung der Lage erklärte er sich bereit, eine Armee auszurüsten, um seine Standesgenossen in ihren revanchistischen Plänen zu unterstützen und den *«französischen Pöbel zur Räson zu bringen»*. Als Antwort überschritten die französischen Revolutionstruppen 1794 die Westalpenpässe und besetzten innerhalb kurzer Zeit das ganze Piemont.

1796 wurde in Alba die erste Republik nach französischem Vorbild ausgerufen und Vittorio Amedeo III. starb gebrochen in Moncalieri. Sein Nachfolger, **Carlo Emanuele IV.**, verlor jede Kontrolle über das Königreich und floh 1798 mit vielen Adeligen im Gefolge nach Sardinien. Es brachen chaotische Zustände aus, woraufhin der französische General Jouvet den piemontesischen Staat auflöste. 1799 eroberten die Österreicher das ganze Piemont, aber schon ein Jahr später schlug Napoleon die Habsburger entscheidend bei Marengo, nachdem er eine große Armee unbemerkt durch das Aosta-Tal in die Poebene geführt hatte.

Es folgte die ***«Republikanische Zeit»*** des Piemont (1800–1814). Trotz der gewaltsamen Besetzung durch die Franzosen blühte innerhalb kurzer Zeit besonders in Turin, aber nicht nur dort, ein von allen Historikern gerühmtes städtisches Leben auf. Die republikanische Regierung förderte die Theater, es entstanden literarische Salons und die Wirtschaft nahm in dieser kurzen Zeitspanne einen enormen Aufschwung, nachdem die Zollschranken und andere feudale Handelshemmnisse beseitigt waren. Aber die Blüte freien Bürgergeistes dauerte nicht sehr lange. 1814 wurde Napoleon gestürzt und die feudale Reaktion kehrte an die Macht zurück.

Piemont und die italienische Einigungsbewegung

Revolutionäre Bewegungen gehen ja mitunter seltsame Wege, um ihre Ziele zu verwirklichen, manchmal auch, um ihre Ideale wieder zu verraten, sobald sie sich politisch etabliert haben. Wie allerdings ausgerechnet die Savoyer, eine der reaktionärsten Herrscherdynastien in Europa, ungewollt mithalfen, ihre Schutzmacht, die Habsburger, aus Oberitalien zu vertreiben und dann zum Flaggschiff der bürgerlich-nationalen Einigungsbewegung des Risorgimento wurden, das ist schon ein sonderbares Stück historischer Dialektik.

Als Napoleon 1814 gestürzt wurde und anschließend im Wiener Kongress die alten Feudalstaaten wiederhergestellt wurden, fiel den österreichischen Habsburgern fast ganz Italien zu. Mit dieser Schutzmacht im Rücken zog **Vittorio Emanuele I.** mit seinem barocken Hofstaat wieder in Turin ein und errichtete eine reaktionär-feudale Gewaltherrschaft, in der alle wichtigen Staatsämter Adeligen übergeben wurden, die im Exil in Sardinien gewesen waren und die bürgerliche Glanzzeit Turins nicht kannten. Das Ziel war in erster Linie, alle Errungenschaften der Französischen Revolution wieder auszulöschen. Das war aber nicht so einfach, denn auch im Piemont waren weite Teile der Bevölkerung, vor allem das Bürgertum und der

Großteil des Offizierskorps, liberal bis demokratisch gesinnt. Die **bürgerlich-liberale Bewegung** hatte zwei politische Hauptanliegen: erstens eine Verfassung, also die Umwandlung der absolutistischen in eine konstitutionelle Monarchie, in der ein gewähltes Parlament die Macht des Königs kontrolliert, zweitens die Vertreibung der Österreicher aus Italien. Diese beiden Anliegen standen einander aber im Weg, da man einerseits die Armee des Königs brauchte, um den Sieg über die Österreicher zu erringen, und daher andererseits Schwierigkeiten hatte, seine Souveränität zu schmälern.

1821 hatten sich die in viele Fraktionen zerstrittenen Oppositionellen so weit geeinigt, dass sie von den Savoyern ultimativ die Einführung einer Verfassung forderten. Als keine Reaktion erfolgte, brach im März eine Revolution aus und die Städte Alessandria und etwas später Asti und Vercelli gerieten unter die Kontrolle einer bürgerlichen Regierung. Gruppen von Aufständischen marschierten auf Turin, wo man noch darüber nachdachte, wie man sich zur Verfassung stellen sollte: Hatte der König sie zu geben, anzunehmen, zu erlassen oder zuzugestehen? Als schließlich sogar die Besatzung der Zitadelle rebellierte, verkündete der erschrockene **Prinzregent Carlo Alberto** vom Balkon des Palazzo Reale aus eine Verfassung und dankte sofort ab. Kurz darauf erschien **König Carlo Felice**, der sich in Modena aufgehalten hatte, mit einem österreichischen Heer und schlug den Aufstand blutig nieder.

Über 20 Jahre regierten nun die **Savoyer** äußerst reaktionär: Die liberalen Elemente wurden gnadenlos verfolgt und es gab zahlreiche Todesurteile. Eine allgegenwärtige Geheimpolizei unterdrückte mehrere Versuche der Opposition, sich neu zu organisieren. England und Spanien brachen die diplomatischen Beziehungen ab und der österreichische Staatskanzler Metternich, nicht gerade ein Ausbund an Liberalität, sah sich gezwungen, mäßigend auf die Savoyer einzuwirken.

Im Jahre 1847 kam es in ganz Italien zu Aufständen gegen die Österreicher und die von ihnen eingesetzten Regierungen. Nach dem Aufstand in Neapel und der dort ausgerufenen Verfassung kam es in Genua und Turin zu Tumulten, wodurch **König Carlo Alberto** so stark in Bedrängnis geriet, dass er am 4. März eine Verfassung in Kraft setzen musste. Dann folgte das Revolutionsjahr 1848, in dem sich in Paris und anderen europäischen Städten die Massen erhoben. In Wien wurde der allmächtige Staatskanzler Metternich von einer Volkserhebung gestürzt, wodurch Carlo Alberto seines gewohnten Beistandes beraubt war.

In dieser Situation baten die Mailänder den König von Piemont offiziell um militärische Hilfe im Kampf gegen die Österreicher. Carlo Alberto stand diesem Ersuchen zwiespältig gegenüber: Einerseits eröffnete es die Möglichkeit, den jahrhundertealten Traum der Savoyer zu verwirklichen und Mailand in ihre Gewalt zu bringen, andererseits wollte er gegen seine eigentliche Schutzmacht, die habsburgischen Brüder im feudalen Geiste, nicht militärisch vorgehen. Er fand einen verräterischen Ausweg aus dieser Zwickmühle. Den Mailändern war es vorerst gelungen, die Österreicher aus der Stadt zu vertreiben, und Carlo Alberto sagte ihnen Hilfe zu, verbündete sich aber gleichzeitig heimlich mit den Österreichern. Das piemontesische Heer setzte sich zwar in Bewegung, aber so langsam, dass die Österreicher unter ihrem Feldherrn Radetzky genügend Zeit hatten, sich wieder zu verstärken. Die Österreicher schlugen bei Custoza die Piemontesen, die aber kaum Verluste erlitten, weil sie sich eilig zurückzogen. Daraufhin marschierten die Österreicher in das von den Piemontesen allein gelassene Mailand ein und richteten unter den Aufständischen ein Blutbad an.

Ganz Italien war empört über diesen Verrat. König Carlo Alberto wurde von allen Seiten bestürmt, neuerlich in die Schlacht gegen die Österreicher zu ziehen. 1849 kündigte er den Waffenstillstand und marschierte in Richtung Mailand. Am 23. März erlitten die Piemontesen bei Novara eine fürchterliche Niederlage gegen die Österreicher und die italienische Einigungsbewegung brach zusammen. Carlo Alberto dankte noch am Abend desselben Tages ab. Am nächsten Tag unterschrieb sein Nachfolger **Vittorio Emanuele II.** einen neuen Vertrag mit den Österreichern.

Die allgemeine politische Situation hatte sich aber durch diese Ereignisse so stark verändert, dass eine Rückkehr zum anachronistischen Absolutismus nicht mehr möglich war.

1850 kam **Graf Camillo von Cavour** als Minister in die Regierung und mit ihm setzte sich langsam die liberale Staatsauffassung durch. Cavour kam aus einer alten piemontesischen Familie französischer Abstammung. Bevor er in die Regierung eintrat, war er im Zivilberuf zunächst Berufssoldat und Journalist, dann Direktor der Turiner Bank und schließlich Direktor der Turin-Genueser Eisenbahnverwaltung. In der Regierung war er vorerst abwechselnd Minister für Handel, Marine und Finanzen und ab 1852 Ministerpräsident.

Cavour war der Architekt der italienischen Einigung und neben Giuseppe Garibaldi die bedeutendste Figur des **Risorgimento**. Seine Politik und Diplomatie war darauf gerichtet, das Königreich Sardinien-Piemont liberal zu reformieren, wirtschaftlich und militärisch stark zu machen und dann unter seiner Führung, gestützt auf die Zusammenarbeit von Krone und Nationalbewegung, die Einigung Italiens herbeizuführen. Dies sollte im europäischen Rahmen und gegen das habsburgische Österreich geschehen. Seine politischen und diplomatischen Spielzüge beflügelten die Freischaren Garibaldis, die in Oberitalien gegen die Österreicher kämpften, Sizilien eroberten und in Süditalien die Bourbonen stürzten. Sein ungestümer Revolutionsgeist brachte Garibaldi aber bald ihn Widerspruch zum liberal-konservativen Cavour, dem es schließlich gelang, eine konstitutionelle Monarchie mit liberaler Verfassung als Mittelweg zwischen dem absolutistisch-feudalen Obrigkeitsstaat und den gärenden Sozialrevolutionen des 19. Jahrhunderts zu etablieren. Das brachte ihm bei vielen seiner Zeitgenossen so großen Respekt ein, dass Bismarck als deutscher Cavour bezeichnet wurde.

Cavour gab übrigens auch der piemontesischen Weinwirtschaft einen starken Impuls, indem er einem französischen Kellermeister den Auftrag gab, aus der Nebbiolorebe einen haltbaren, trockenen Rotwein zu keltern, der dann unter dem Namen *Barolo* *(Mehr darüber im Barolo-Kapitel -> S. 56)* Furore machen sollte. Diese Initiative war einerseits politisch motiviert, weil Cavour auf politischen und diplomatischen Banketten einen qualitativ hochwertigen Wein aus dem Piemont kredenzen wollte, andererseits ökonomisch, weil er in Grinzane Cavour – im heutigen Barolo-Gebiet – 200 Hektar Weinberge besaß. Mit anderen Worten könnte man sagen, dass in der großen gesellschaftlichen Emanzipationsbewegung des Risorgimento, die im 19. Jahrhundert in Italien zur Emanzipation des Bürgertums von der aristokratischen Feudalherrschaft und zur Überwindung der *«Kleinstaaterei»* führte, gewissermaßen als Nebenprodukt ein großer Wein namens **Barolo** entstand.

1849 hatte Cavour miterlebt, wie der erste Versuch einer nationalen Einigung des in zahlreiche Kleinstaaten zersplitterten Italien an den Kanonen der habsburgischen Armee zerschellt war, und zog daraus den Schluss, dass ein zweiter Versuch zur Einigung nur mit militärischer Stärke erfolgreich sein konnte. Er baute daher als Ministerpräsident eine starke Armee auf und verbündete sich 1858 mit Napoleon III. von Frankreich.

1859 begann der Zweite Italienische Unabhängigkeitskrieg, bei dem Piemontesen und Franzosen in der historischen Schlacht von Solferino am Gardasee über die Habsburger siegten. Frankreich erhielt für seine militärische Hilfe die alten savoyischen Stammlande auf der französischen Seite der Alpen, das heutige Département Savoie. Die Österreicher verließen die Lombardei und in ganz Italien brachen Aufstände aus. 1861 wurde das Königreich Italien ausgerufen, mit **Vittorio Emanuele II.** von Sardinien-Piemont als König. Im Palazzo Carignano in Turin tagte das erste gesamtitalienische Parlament, die alte Residenzstadt der Savoyer wurde Hauptstadt von Italien. 1865 wurde der Regierungssitz nach Florenz verlegt und 1871, nach der Eroberung des Kirchenstaates, nach Rom.

Die Schlacht von Solferino bildet übrigens den Auftakt zu dem großartigen Roman *«Radetzkymarsch»* von Joseph Roth. Er schildert in diesem Roman, der von einer unendlich melancholischen Stimmung getragen ist, am Beispiel der Familie Trotta den langsamen Untergang der Donaumonarchie, der nach seiner Darstellung mit der Niederlage der Habsburger bei Solferino begann.

Piemont im 20. Jahrhundert

Die erste Hälfte des 20. Jahrhunderts war im Piemont in politischer Hinsicht, wie überall in Europa, durch Krieg und Faschismus geprägt, in wirtschaftlicher Hinsicht durch den Aufstieg Turins zu einem bedeutenden Wirtschaftszentrum. In der zweiten Hälfte wurde die Turiner Autoindustrie ökonomisch zu einem wichtigen Motor des italienischen Wirtschaftswunders und politisch zu einem Brennpunkt der sozialen Auseinandersetzungen der Arbeiterbewegung mit den negativen Auswirkungen der industriellen Produktionsweise.

Die politische Entwicklung des 20. Jahrhunderts wurde im Piemont wie im übrigen Italien zunächst durch den Ersten Weltkrieg und den Aufstieg des Faschismus bestimmt. Die faschistische Bewegung wurde von **Benito Mussolini** 1919 in Mailand gegründet und ergriff 1922 in Rom die Macht über ganz Italien. Der faschistische italienische Staat trat an der Seite Nazi-Deutschlands in den Zweiten Weltkrieg ein und brach 1943, nach der Landung der Alliierten in Süditalien, zusammen, worauf die deutsche Wehrmacht Norditalien besetzte und Mussolini bei der Bildung der ***Repubblica Sociale Italiana*** in Salò am Gardasee **(Republik von Salò)** unterstützte. Gegen diesen Versuch einer Wiedererrichtung der faschistischen Diktatur bildete sich eine starke Partisanenbewegung, die **Resistenza**, die sich vorwiegend aus der Arbeiterschaft und der ländlichen Bevölkerung rekrutierte und im Piemont am stärksten ausgeprägt war. Im Partisanenkrieg zwischen 1943 und 1945 stellte das Piemont die Hälfte aller Kämpfer und die stärksten Formationen.

Die *Resistenza* der Langhe bestand zunächst aus kleinen Gruppen bewaffneter Freischärler, die sich spontan bildeten und dann unter der Führung Enrico Martini Mauris zu den **«Autonomen Alpinen Divisionen»** zusammengefasst wurden. Diese dehnten ihren Einfluss rasch auf den gesamten Umkreis der Privinz Cuneo aus. Nicht weniger Bedeutung für die Aktionen der Partisanen im Herzen der Langhe hatten die **«Garibaldi-Sturmbrigaden»**, die zwar von der Kommunistischen Partei Italiens gefördert wurden, aber nicht als Parteikräfte agierten. Schließlich griffen auch Einheiten der sozialistischen **«Mateotti-Brigaden»** in den Partisanenkrieg in den Langhe ein. Ende 1944, Anfang 1945 kamen noch Divisionen der **Bewegung für Gerechtigkeit und Freiheit** *(Giustizia e Libertà)* hinzu. Die von der **Aktionspartei** *(Partito d'Azione)* gegründeten Formationen spielten in den Langhe zwar erst in der Endphase der Resistenza eine Rolle, leisteten aber einen beachtlichen Beitrag zu den Kämpfen der lokalen Partisanenverbände.

Was die Bilanz der Kämpfe betrifft, so waren die Partisanen in den Langhe und um Bra sehr erfolgreich in der Umsetzung der allgemeinen Strategie der Resistenza, die darin bestand, möglichst viele militärische

Kräfte des Feindes zu binden und damit die alliierten Kräfte zu unterstützen. Die deutsche Wehrmacht und die italienischen Faschisten waren ständig damit beschäftigt, den ununterbrochenen Anschlägen und Hinterhalten Einhalt zu gebieten, mit denen die Partisanen immer wieder die wichtigsten Straßen- und Bahnknotenpunkte zwischen dem Piemont und Ligurien auf den Strecken Turin-Mondovì-Savona-Genua und Turin-Bra-Mondovì-Savona sowie im Tanaro-Tal vor Alba lahm legten. Als Hauptort der Langhe wurde das von den Faschisten besetzte Alba praktisch ständig von Partisaneneinheiten belagert.

Während des gesamten Partisanenkampfes von September 1943 bis April 1945 zahlte die Zivilbevölkerung teuer und blutig mit Menschenleben und materiellem Verlust. Die Nazis, die bei ihren blindwütigen Vergeltungsmaßnahmen nicht einmal die fundamentalsten Grundsätze der Menschlichkeit beachteten, bestraften die Bevölkerung rücksichtslos für die Unterstützung der Partisanen. Dogliani und Farigliano waren Ziel von terroristischen Luftangriffen, in Dutzenden kleiner Gemeinden wurden Häuser und Gehöfte in Brand gesteckt, Vieh und Lebensmittel geraubt, Geiseln genommen und unschuldige Menschen hingerichtet. Insgesamt wurden im Gebiet um Alba und Bra mehrere hundert Zivilpersonen getötet.

Der vielleicht wichtigste Aspekt der Widerstandsbewegung in den Langhe waren die Volksregierungen *(Giunte Popolari di Governo)*, die im Spätherbst 1944 entstanden. Dabei handelte es sich im Grunde um den ersten Versuch, eine freie demokratische Verwaltung der lokalen Belange durch die Bevölkerung einzurichten. Auf Anregung der Bürgerdelegationen der Garibaldi-Brigaden und mit Unterstützung des Klerus wurden überall in den von Partisanen besetzten Gebieten Volksberatungen zur Wahl von lokalen Regierungen abgehalten, welche die Ressourcen der Gemeinden verwalten, die Administration regeln und die Mithilfe der Bürger an der Ordnung der Gemeinschaft fördern sollten.

Diese Experimente einer autonomen lokalen Verwaltung schlugen mitunter fehl, nicht zuletzt auch deshalb, weil bei der Bevölkerung dieses Landstrichs ein tief verwurzeltes Misstrauen gegen politische Veränderungen entstanden war. Dennoch leisteten die aus der Resistenza entstandenen politischen Strömungen einen wichtigen Beitrag zur demokratischen Erneuerung der Gesellschaft und zur Überwindung der politischen Gleichgültigkeit bei der Bevölkerung dieser Region. Durch den Sieg der Widerstandsbewegung entstand ein neues Selbstbewusstsein und eine Identität als Hauptakteur bei der Befreiung von der faschistischen Diktatur und Mitgestalter des gerade entstehenden republikanischen Italien.

Der Partisanenkampf in den Hügeln der Langhe hat seinen Dichter in **Beppe Fenoglio** gefunden. Fenoglio wurde 1922 in Alba geboren und studierte an der Universität von Turin, bevor er zur Armee kam und nach Rom versetzt wurde. Obwohl er Armee-Offizier war, kehrte er 1943 nach Alba zurück und schloss sich den

Partisanen an. Nach dem Krieg arbeitete er als Prokurist für einen Weinbaubetrieb in Alba und begann in seiner Freizeit zu schreiben. 1952 veröffentlichte er den Erzählband *I ventitrè giorni della città di Alba* (Die dreiundzwanzig Tage der Stadt Alba), der von der erfolgreichen, wenn auch kurzen Einnahme der Stadt Alba durch die Partisanen im Oktober 1944 handelt und dessen Einleitung mit den Worten beginnt: *«Zweitausend von ihnen besetzten Alba am 10. Oktober und zweihundert verloren es am 2. November 1944.»* In deutscher Übersetzung erschienen die beiden Werke *L'affare dell'anima* (Das Geschäft mit der Seele) und *Una questione privata* (Eine Privatsache). Sein unvollendetes Meisterwerk, das Partisanenepos *Il partigiano Johnny* (Der Partisan Johnny), erschien posthum; Fenoglio starb 1963.

Beppe Fenoglio, von manchen als Neorealist bezeichnet, schildert seine Figuren zugleich konkret und in einer metaphysischen Dimension. Die Partisanen kämpfen in seinen Büchern nicht nur für die historische Widerstandbewegung, ihre Resistenza reflektiert auch den unaufhörlichen, tragikomischen Existenzkampf des Menschen mit den Urgewalten einer inneren und äußeren Natur, die Zuflucht und Falle zugleich ist für verzweifelte, in ihrer Einsamkeit machtlose Menschen. Und die Hügel der Langhe sind gewissermaßen der Schauplatz, auf dem sich diese Kämpfe abspielen. Sein unprätentiöser Stil wurde lange Zeit von vielen belächelt, ein literarischer Erfolg blieb ihm zeit seines Lebens versagt. Erst in jüngster Zeit finden seine Werke Anerkennung bei den Kritikern und Interesse vor allem bei den ganz jungen Lesern, die seine explizite, direkte Prosa und den forschen Rhythmus seines trockenen, nüchternen Stils schätzen.

Nach der Vertreibung der deutschen Besatzungsmacht aus Italien und dem Ende des Krieges wurde 1946 die Republik ausgerufen. Die italienische Königsfamilie aus dem Hause Savoyen wurde wegen ihrer Zusammenarbeit mit den Faschisten aus Italien verbannt.

Die Geschichte des Piemont im 20. Jahrhundert kann nicht von der Entwicklung eines Wirtschaftsunternehmens getrennt werden: von **FIAT**. Nachdem 1871 Rom Hauptstadt geworden und die Königsfamilie mit einem Großteil der Beamten nach Rom gezogen war, entstand in Turin eine Art Vakuum, in der das Leben erstarrte. Die Stadt sank zur politischen Bedeutungslosigkeit ab. Die riesigen Barocktrakte der Savoyer Residenz standen leer und verödeten, Piemont wurde zur entlegenen Westregion und Turin zu einem unbedeutenden Provinznest am Rande des neuen Königreiches Italien.

Das änderte sich, als **Giovanni Agnelli**, der aus einer Familie ländlicher Großgrundbesitzer stammte, sich 1899 mit Turiner Geschäftsfreunden zusammentat, um aus einer Fahrradwerkstatt am Stadtrand von Turin die Automobilfabrik FIAT *(Fabbrica Italiana Automobili Torino)* zu gründen. Damit wurde der Grundstein gelegt für den Aufstieg Turins zu einem der bedeutendsten industriellen Zentren Italiens, das gleichzeitig der Motor für die Entwicklung des mittleren Piemont zur Industrieregion war. Im Jahre 1914 hatte FIAT 4.000 Arbeiter, fünf Jahre später waren es schon 40.000.

Der 1936 entwickelte Kleinwagen Topolino (Mäuschen) wurde nach dem Zweiten Weltkrieg zum allseits beliebten *«Volkswagen»* Italiens, was zu einem weiteren rasanten Wachstum führte, das durch den Wirtschaftsboom der 1950er Jahre noch verstärkt wurde. FIAT wurde zu einer treibenden Kraft des italienischen Wirtschaftswunders.

FIAT bestand aber nicht nur aus der Autofabrik, sondern entwickelte sich zu einer Vielzahl an Konzernbetrieben in den unterschiedlichsten Bereichen. Es war und ist zum Teil noch eine Art weit verzweigtes industrielles Königreich mit den Konsumenten als Untertanen, die bei FIAT einkaufen (Rinascente), den Käse von FIAT essen (Danone), die Zeitung von FIAT lesen (La Stampa), sich bei FIAT versichern lassen (Toro-Versicherungen), mit FIAT in den Sommerurlaub (Club Med) oder zum Skilaufen nach Sestriere (in einen Wintersportort, der von FIAT quasi aus der Retorte gegründet wurde) fahren und den Fußballklub von FIAT (Juventus Turin) bejubeln.

Wer in Turin aufwuchs, kam nicht um FIAT herum, das gesamte öffentliche Leben wurde praktisch von den Arbeitszeiten in der Fabrik geprägt. Die Stadt musste gewissermaßen lernen, im Rhythmus des Dreischichtbetriebes zu atmen; man aß um acht Uhr zu Abend und ging früh zu Bett, um für die Frühschicht ausgeschlafen zu sein. Carlo Fruttero und Franco Lucentini, die bekannten Turiner Schriftsteller, schrieben einen Kriminalroman mit dem Titel *«Wie weit ist die Nacht»*, der von der Macht eines riesigen Konzerns in der Stadt Turin handelt, in der nichts und niemand gegen die Allmacht der Konzerngewaltigen ankommt. Lesenswert!

Auf ihrem Weg zum Erfolg arrangierte sich FIAT mit jedweder Politik, ob monarchistisch oder republikanisch, faschistisch oder kommunistisch. Gefährliche Konkurrenz wurde, wenn es irgendwie möglich war, aufgekauft, berühmte Marken wie Lancia, Alfa Romeo, Ferrari wurden alle von FIAT geschluckt. Die Firma beschäftigte 1979, am Höhepunkt ihrer Ausdehnung, 284.000 Arbeiter und Angestellte. Heute arbeiten nicht einmal mehr halb so viele Leute bei FIAT in Turin, dafür gibt es jetzt FIAT-Werke in Argentinien, Russland, Südafrika, der Türkei und anderswo. Die ökonomischen Entwicklungen der 1980er und 1990er Jahre, umschrieben mit den Schlagworten Globalisierung und Outsourcing, zwangen auch FIAT zur Anpassung. Das führte zu einem massiven Abbau an Arbeitsplätzen und zu schweren Arbeitskämpfen.

Als im Jahr 1980 das Management von FIAT 23.000 Arbeiter vor die Tür setzte, streikten die Gewerkschaften 35 Tage lang. 30.000 Leute gingen auf die Straße mit Transparenten, auf denen stand: *«Turin will arbeiten»*. Der Arbeitskampf ging jedoch für die Gewerkschaften verloren, die unternehmerischen Strategien der Konzernherren von FIAT erwiesen sich als stärker. Die Bedeutung des FIAT-Konzerns, der Turin zu einer internationalen Stadt mit kosmopolitischer Präsenz machte, wird durch eine kleine Anekdote verdeutlicht: Als vor einigen Jahren der kubanische Staatschef Fidel Castro nach Italien kam, stattete er zuerst dem Papst einen Besuch ab und dann Giovanni Agnelli, dem Konzernchef von FIAT. Den Staatspräsidenten besuchte er nicht.

Heute, in Zeiten der weltweiten Fusionierungen riesiger Unternehmen, ist auch der mächtige Turiner Konzern in großen Schwierigkeiten. Es ist zwar noch jedes achte Auto in Europa von FIAT, die Zukunft des Konzerns ist aber alles andere als sicher. In letzter Zeit kann man in den Zeitungen immer wieder Berichte über einen möglichen Verkauf von FIAT lesen.

Die Geschichte von FIAT und Turin ist aber nicht nur die Geschichte eines außergewöhnlichen industriellen Erfolgs, sondern auch die Geschichte Tausender armer Emigranten aus dem Süden, die Geschichte gewaltiger sozialer Auseinandersetzungen, die Geschichte der Arbeiterbewegung und ihrer Vordenker.

Der bedeutendste politische Denker der italienischen Arbeiterbewegung war **Antonio Gramsci** (1891 -1937), der den Grundgedanken der bürgerlichen Aufklärung - die Selbstbefreiung des Menschen aus seiner Unmündigkeit - weiterführte. Er erhoffte sich von der Organisierung der industriellen Arbeiterschaft den Weg in eine Gesellschaft, in der die Entfremdung des

Individuums in der Gesellschaft aufgehoben sein wird – eine Hoffnung, die sich jedenfalls bis heute nicht erfüllt hat.

Der rasante Aufstieg zum industriellen Unternehmen begann Anfang der 1950er Jahre, als der Betrieb von FIAT nach dem amerikanischen Vorbild der Fließbandproduktion umorganisiert wurde. Aus dem armen Süditalien wurden Massen von billigen Arbeitskräften geholt, die man in öden Siedlungen am Stadtrand unterbrachte.

Das veränderte das Bild der Stadt sehr stark und führte in Turin innerhalb kurzer Zeit zu einer extremen Zweiklassen-Gesellschaft. 1969 entluden sich die sozialen Spannungen in massiven Arbeiteraufständen und es folgten die fast 15 Jahre dauernden blutigen Kämpfe der Roten Brigaden mit der Staatsgewalt.

Die 1990er Jahre waren in Oberitalien politisch geprägt von der Gründung und den raschen Erfolgen der separatistischen Partei **Lega Nord**, deren politisches Programm vor allem in der weitgehenden wirtschaftlichen Abkoppelung Norditaliens von Süditalien besteht. Die Lega Nord konnte auch im Piemont überraschende Wahlerfolge verzeichnen.

Der wirtschaftliche Aufschwung in den 1950er und 1960er Jahren führte auch zu einer enormen Entwicklung des Tourismus. Italien wurde zum Tourismusland Nummer eins in Europa, was in einigen Regionen zur weitgehenden Zerstörung traditioneller Strukturen durch den Massentourismus führte. Das Piemont blieb davon weitgehend verschont.

Hier begann der Tourismus in den 1950er Jahren als **Gourmet- und Weintourismus**, der durch die großen Weine des Piemont und die herbstlichen Trüffelmärkte angezogen wurde und sich von vornherein in einer Form entwickelte, die man heute als ***«sanften Tourismus»*** bezeichnet.

WINING & DINING

Weine des Piemont

Die Weinproduktion im Piemont erfolgt überwiegend durch Kleinbetriebe. Die 70.000 Hektar Rebflächen werden von zirka 70.000 Winzerbetrieben bearbeitet, von denen nur zirka 4.000 mehr als 3 Hektar besitzen und etwa die Hälfte der Betriebe keinen eigenen Wein produzieren, sondern ihre Trauben verkaufen.

Die verbreitetste Rebsorte ist Barbera (52 %), gefolgt von Dolcetto (14 %), Moscato (12 %), Nebbiolo (5 %) und Freisa (4 %). Die restlichen 13 % teilen sich auf mehr als 20 Sorten auf, die zu einem geringen Teil auf international übliche Sorten wie Chardonnay, Cabernet Sauvignon und Merlot entfallen und zum größten Teil auf bodenständige, meist wenig bekannte Sorten, von denen Arneis und Grignolino die interessantesten Weine ergeben.

Grob gesprochen kann man die piemontesische Weinlandschaft in vier Zonen unterteilen: Erstens das Gebiet um **Ivrea** nördlich von Turin, zweitens das Gebiet um **Vercelli und Novara** nordöstlich von

Turin, drittens das **Monferrato (inkl. Colline Torinesi)** nördlich und südöstlich von Asti und viertens **Langhe und Roero** südlich und nördlich von Alba.

Die Gebiete um Ivrea und um Vercelli und Novara haben den Anschluss an die moderne Entwicklung etwas verpasst und eher nur regionale Bedeutung, obwohl auch dort zum Teil sehr gute Weine produziert werden, wie etwa der **Erbaluce** im Gebiet um Ivrea, ein trockener, leicht säurebetonter Weißwein, der auch als Süßwein aus teilgetrockneten Trauben *(passito)* gekeltert wird, sowie **Gattinara** und **Ghemme**, zwei Nebbiolo-Weine aus dem Anbaugebiet um Vercelli und Novara.

Das Monferrato hat den größten Anteil an der Weinproduktion. Hier erzeugen 48.000 Winzerbetriebe in über 200 Weinbauorten insgesamt 65 Prozent der Weinmenge des Piemont. Die wichtigsten Traubensorten sind **Barbera** und **Moscato** und in geringerem Maße **Freisa** und **Grignolino**. Das Filetstück schließlich ist das Gebiet um Alba und hier vor allem die Hügel der Langhe südlich von Alba, die in etwa begrenzt sind von den Städten Alba, Bra, Dogliani und Canelli. Hier dominiert die Königsrebe des Piemont, der **Nebbiolo**, der zu den weltberühmten Weinen **Barolo** und **Barbaresco** verarbeitet wird. Daneben spielen auch noch die Rebsorten **Dolcetto**, **Barbera** und **Arneis** eine Rolle. Neben den Langhe ist im Weinbaugebiet von Alba noch das Roero zu nennen, das nördlich von Alba am linken Ufer des Tanaro liegt und ebenfalls Nebbiolo und Arneis verarbeitet.

Novara
Ivrea
Lago di Viverone
F. Dora Báltea
Tronzano
Vercelli
Chivasso
Po
Po
F. Sésia
Turin
Casale Monferrato
Colline Torinesi
Moncalvo
Chieri
Monferrato
Montechiaro d'Asti
Torrente Versa
Baldichieri d'Asti
Asti
F. Tánaro
Roero
Canale
Costigliole d'Asti
Nizza Monferrato
F. Tánaro
Canelli
Bra
Alba
Langhe
Ácqui Terme
Barolo
Monforte d'Alba

Barolo

Barolo, il Rè – Barolo, der König: So nennen sie ihn im Piemont. Dieser körperreiche, langsam reifende und langlebige Wein, der südlich von **Alba** im Dorf **Barolo** und den umliegenden Gemeinden **Grinzane Cavour, Serralunga d'Alba, Castiglione Falletto, Monforte d'Alba** und **La Morra** gekeltert wird, ist einer der besten Rotweine Italiens. Er hat ein intensives und reichhaltiges Bukett, das oft mit Veilchen, Trüffeln, Gewürzen und Tee umschrieben wird, einen hohen Alkoholgehalt (mindestens 13 %, oft 14 % und mehr) und macht auf Grund seiner dichten Struktur einen kraftvollen und wuchtigen Eindruck.

Das königliche Attribut, das ihm im Piemont zugeschrieben wird, bezieht sich aber auch darauf, dass er wegen seines hohen Tanningehalts vor allem in der Jugend oft streng und abweisend wirkt. Diese Verschlossenheit, von vielen als negativ empfunden, kann sich allerdings im Alter, bei voller Trinkreife nach etwa zehn Jahren, zu einer faszinierenden Vielfalt an weichen und angenehmen Aromen entwickeln. Der hohe Tanningehalt hat neben der Rebsorte Nebbiolo, aus der der Barolo gekeltert wird, auch mit den traditionellen *Erzeugungstechniken* *(Genaueres dazu -> S. 59 u. F.)* zu tun.

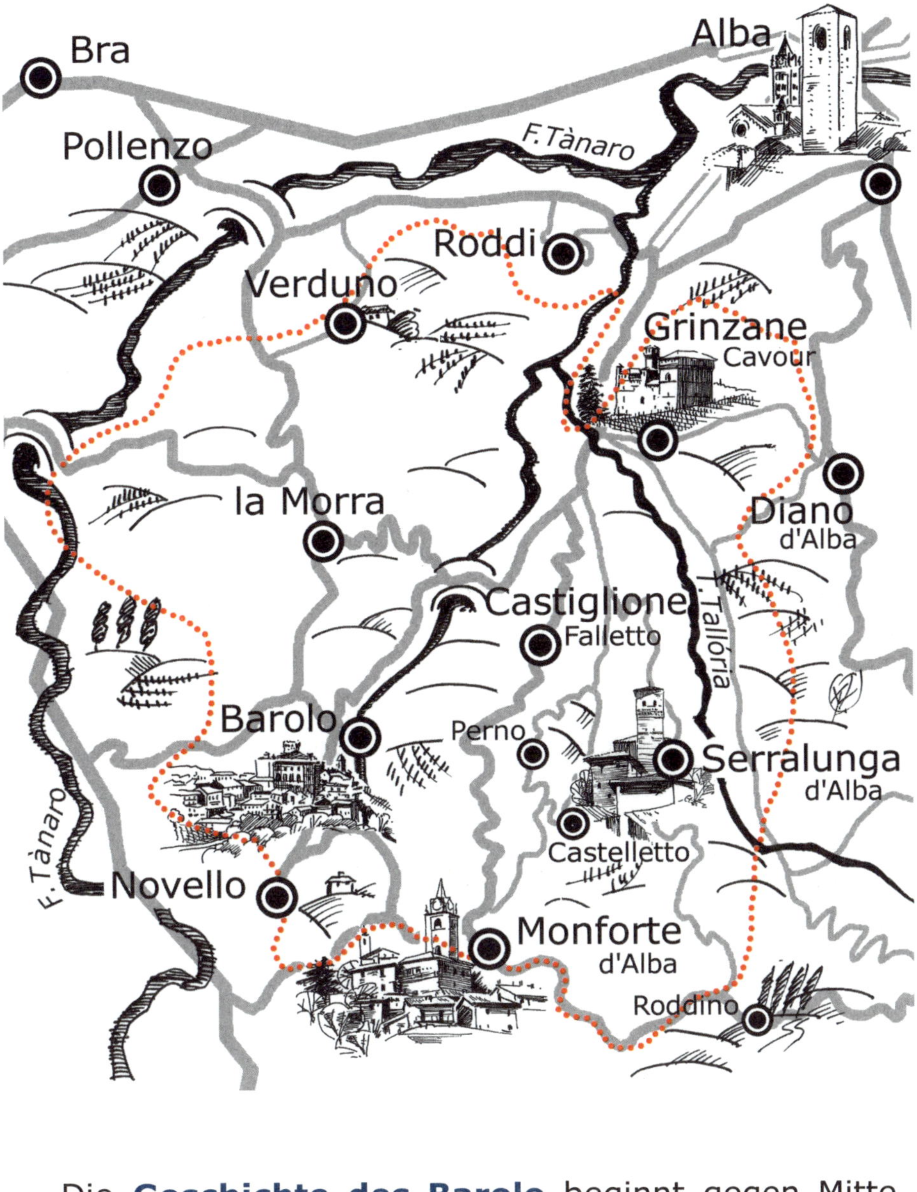

Die **Geschichte des Barolo** beginnt gegen Mitte des 19. Jahrhunderts, zeitgleich mit der Entstehung der italienischen Republik. **Camillo Benso di Cavour** *(zur historischen Bedeutung Cavours -> S. 39)*, der

«Vater der italienischen Einigung», erteilte dem französischen Weinhändler und Kellermeister (heute würde man sagen: Önologen) Louis Oudart den Auftrag, aus den Trauben seiner 200 Hektar Weinberge bei Grinzane Cavour einen haltbaren, trockenen Rotwein nach dem Vorbild der damals bereits weltberühmten Gewächse des Bordeaux-Gebietes zu keltern. Bis dahin waren die **Nebbiolotrauben** überwiegend entweder zu roséfarbenen oder zu süßen, schäumenden Dutzendweinen gekeltert worden, die rasch oxidierten und eine Tendenz zum Nachgären zeigten, somit kaum längere Zeit stabil blieben.

Marchesa Giulia Falletti, die mit Cavour befreundet war, ließ Oudart auch die Trauben ihrer eigenen ausgedehnten Ländereien verarbeiten. Sie war es dann, die im Keller ihres *Schlosses in Barolo (Details zum Castello -> S. 155/156)* den ersten Wein dieses Namens aus der Taufe hob (dieser wunderschöne Keller beherbergt heute die regionale Vinothek von Barolo) und darauf bestand, dass der neue Wein nach dem Dorf Barolo benannt werden sollte. Auch die königliche Familie investierte in zwei Weingüter im Gebiet von Barolo, und Umberto I. gründete in Alba eine der ersten Weinbauschulen des Landes.

In der ersten Hälfte des 20. Jahrhundert sank die Bedeutung dieses Weins durch Weltkriege und Faschismus zu regionaler Bedeutung ab und gewann erst wieder nach dem Zweiten Weltkrieg, in den 1950er Jahren, zusammen mit dem Barbaresco internationale Berühmtheit, was auch den Beginn des Wein- und

Gourmettourismus im Piemont markierte. Als in den 1970er Jahren auf dem italienischen und internationalen Weinmarkt eine fulminante Entwicklung einsetzte, waren es im Piemont einige Barbaresco-Winzer, die den neuen Trend als Erste erkannten. Der Barolo geriet etwas ins Hintertreffen und verlor Marktanteile, sein strenger, wuchtiger, oft abweisender Geschmack entsprach nicht mehr dem Weingeschmack des internationalen Marktes, der sich eher an den samtigen, eleganten Bordeauxweinen und am zarten, verführerischen Schmelz der großen Burgunder orientierte.

In den 1980er Jahren setzte auch bei vielen Barolo-Winzern ein Umdenken ein. Es waren vor allem junge Winzersöhne, die, nachdem sie in vielen Fällen ein Önologie-Diplom erworben und sich in der Weinwelt umgesehen hatten, auf die Produktion von Qualitätswein setzten und rigoros mit den hergebrachten Kellereimethoden aufräumten.

Ein erster Schritt war die Ertragsreduktion im Weinberg. Statt bisher 150 Hektoliter pro Hektar wurde der Ertrag durch starken Rebschnitt auf höchstens 60 Hektoliter reduziert. Das hatte zur Folge, dass zwar der Ertrag geringer, dafür aber die Konzentration von Aromastoffen in den Trauben höher war und daher auch der daraus gewonnene Wein ein dichteres, intensiveres Aroma hatte. Als Nächstes suchte man nach neuen Gärtechniken, um mehr Extrakte, Farbe und süße Tannine aus den Trauben herauszuholen, ohne gleichzeitig auch die harten, pelzigen Gerbstoffe der Nebbiolotraube zu extrahieren, die den Barolo oft so streng und verschlossen machen. Das erreichte man durch Gärtanks aus Edelstahl mit integrierter Kühlung und durch kürzere Maischestandzeiten (das ist die Zeit, die der Most auf der Maische, also den Schalen und Kernen der Trauben, gärt). Anstatt der bisher üblichen großen **Holzbottiche**, in denen die Maische vier bis sechs Wochen stand und der obenauf schwimmende Tresterhut immer wieder untergetaucht wurde, konnte man mit den neuen **Fermentationstanks** durch Temperatursteuerung den Verlauf der Gärung besser kontrollieren und die Maischestandzeit auf einige Tage reduzieren, wodurch es besser gelang, die guten Aromastoffe zu extrahieren und die harten Tannine in den Trebern zu belassen.

Für die **Reifung des Weins** verwendete man nach dem Vorbild der Winzer in Burgund und Bordeaux kleine **Barriquefässer** aus neuer französischer Eiche anstatt der alten riesigen Fässer aus slowenischer Eiche oder italienischer Kastanie. Damit sollten die harten Tannine des Nebbiolo, die nach dem neuen Gärverfahren nicht im Wein gelöst waren, durch die weichen und runden, die *«noblen»* Tannine des neuen Eichenholzes ersetzt werden. Das neue Eichenholz der Barriquefässer verleiht dem Wein außerdem einen Hauch von Vanille (der von dem im Eichenholz enthaltenen Aromastoff Äthylvanillin kommt) und süße Rösttöne, die man in der Fachsprache als *«Toasting»* bezeichnet und die verschiedene Nuancen von gerösteten Haselnüssen über Kaffee- bis zu Malz- und Karamellaromen, manchmal auch Schoko-Marzipanaromen annehmen können, je nach Alter des Weines und abhängig davon, in welcher

Weise der Fassbinder bei der Herstellung des Fasses die Dauben dem Feuer ausgesetzt hat. Man brauchte einige Zeit, bis man hier die richtige Balance zwischen fruchtigen Aromen und Holzaromen fand, in den ersten Jahren waren die Weine oft zu stark holzbetont oder zu stark fruchtbetont.

Schließlich brach man auch noch das letzte Tabu und fing an, den Nebbiolo mit anderen Rebsorten wie Cabernet Sauvignon, Merlot, Syrah zu verschneiden, um die harten Kanten abzurunden und den Barolo weicher, harmonischer, geschmeidiger zu machen. Dieser letzte Punkt ist aber nach wie vor umstritten. Viele Modernisten unter den ***Barolisti***, wie man die Barolo-Winzer auch nennt, lehnen die Beimischung von Fremdsorten zum Nebbiolo ab, weil sie den Charakter des Barolo verfälsche.

Der Widerstand der alten Winzergeneration war vehement. Es gab jede Menge Proteste und Streit, wobei die Auseinandersetzung nicht nur um neue Weinerzeugungstechniken ging, sondern über weite Strecken auch ein Generationenkonflikt war. **Elio Altare**, einer der Hauptprotagonisten der Erneuerer, war in den 1970er Jahren in den Betrieb seines Vaters eingestiegen, hatte sich aber auf Grund seiner unkonventionellen Vorstellungen über die Weinproduktion bald mit ihm überworfen. Eines Tages machte er sich sogar daran, die alten großen Holzfässer mit der Motorsäge zu Kleinholz zu zerstückeln. Als er nach diesem *«Kettensägenmassaker»* von seinem Vater enterbt wurde, ignorierten ihn die älteren Kollegen und er hatte bald auch mit finanziellen Problemen zu kämpfen. Aber die ***«Barolo-Boys»***, wie die Gruppe um **Elio Altare, Giorgio Rivetti, Domenico Clerico, Paolo Scavino** teils spöttisch, teils bewundernd genannt wurde, gaben nicht auf, gewannen neue Verbündete und setzten sich Jahrgang für Jahrgang mehr durch. Die Presse berichtete, sie zogen internationale Aufmerksamkeit auf sich und erreichten immer öfter Spitzenplätze bei hochrangig besetzten Verkostungen. Elio Altare konnte später das väterliche Weingut von seinen Geschwistern zurückkaufen, die am Wein kein Interesse zeigten. Er ist heute einer der Stars der modernen Generation unter den Barolisti und seine Weine werden in der ganzen Welt als Kultobjekte gehandelt.

Einige Jahre lang gab es einen tiefen Graben zwischen den **Traditionalisten** und den **Modernisten**. Die Traditionalisten waren überzeugt, dass nur der auf althergebrachte Weise gemachte Barolo wirklich Jahrzehnte überdauern kann, und warfen den Modernisten vor, sie hätten den Charakter und das Geschmacksbild des Barolo verfälscht und aus ihm einen verwechselbaren, internationalen Wein ohne eigenes Profil gemacht. Die Modernisten ihrerseits sagten, man könne die Herstellung eines Weins nicht bis zur Erstarrung kodifizieren. Es habe auch beim Barolo immer schon Entwicklungen gegeben und man könne der jungen Generation nicht verbieten, sich in der Weinerzeugung ebenfalls weiterzuentwickeln. Und wenn die Leute den Wein nicht mehr kaufen, weil sie nicht zehn Jahre warten wollen, bis er trinkbar sei, und deswegen viele Betriebe schließen müssen, dann müsse man eben etwas dagegen unternehmen.

Mittlerweile haben sich die Gemüter wieder beruhigt. Einige Fundamentalisten der traditionellen Kellereitechniken (wie zum Beispiel Aldo Conterno) beginnen nun auch die neuen Methoden zu akzeptieren und verwenden immer öfter temperaturgesteuerte Edelstahlgärtanks, kürzere Maischestandzeiten und Reifung in Barriquefässern. Was sie noch immer strikt ablehnen, ist der Verschnitt des Nebbiolo mit anderen Rebsorten.

Hier treffen sie sich mit vielen Erneuerern, die das ebenfalls ablehnen und ihrerseits wieder vorsichtig modifizierte Anleihen in der Vergangenheit machen, um den typischen, unverwechselbaren Sortencharakter des Barolo nicht aus den Augen zu verlieren und sich nicht geschmäcklerisch an den internationalen Weingeschmack anzupassen, der oft süßliche, limonadige Weine bevorzugt, die kaum mehr einen Sortencharakter oder regionalen Charakter erkennen lassen. Viele Hersteller mischen bereits traditionelle und moderne Techniken in der Erzeugung ihrer Weine. So kann man wohl am Ende des Streites sagen, dass jeder ein bisschen Recht behalten und sich eine alte Erfahrung aus dem Weinbau bestätigt hat, dass nämlich hervorragendes Traubenmaterial die verschiedensten Kellertechniken verträgt. Insgesamt hat diese Entwicklung dem Barolo sehr gut getan, weil es gelungen ist, die kraftvolle, körperreiche Struktur mit Eleganz und Geschmeidigkeit abzurunden, was den Wein vielschichtiger und komplexer gemacht hat. Die weit gefächerten Duft- und Geschmacksnuancen kommen heute sowohl beim traditionell als auch beim modern hergestellten Barolo besser zum Ausdruck. Man kann ohne Zweifel sagen, dass die vier oder fünf Dutzend führenden Barolowinzer im internationalen Vergleich absolute Spitzenqualität zu bieten haben.

Als Konsument sollte man sich beim Kauf einen wichtigen Unterschied zwischen einem traditionellen und einem modernen Barolo vor Augen halten.

Ein **moderner Barolo** zum Beispiel von Elio Altare, Luciano Sandrone, Elio Grasso, Domenico Clerico, Conterno-Fantino, Armando Parusso, Pira (Chiara Boschis) oder Paolo Scavino ist, wenn er nach fast vier Jahren auf den Markt kommt, fast fertig und hat nach weiteren ein bis zwei Jahren seine volle Trinkreife erlangt: Er ist dann rund, geschmeidig, weich und angenehm zu trinken. Auf diesem Niveau hält er sich weitere zehn Jahre, bei guten Jahrgängen wahrscheinlich länger, aber da fehlen bisher die Erfahrungen. *(Interessantes zu «L'Insieme», einem karitativen Projekt einer Winzergruppe um Elio Altare -> S. 189)*

Ein **klassischer Barolo**, etwa von Aldo Conterno, Giovanni Conterno, Gianfranco Bovio, Accomasso, Bruno Giacosa, Bartolo Mascarello oder Franceso Rinaldi, braucht bis zu zehn Jahre Ruhe, bis er seine harten Tannine abgebaut hat und sich von seiner besten Seite zeigt. Diesen Zustand hält er dann für mindestens zehn weitere Jahre, bei guten Jahrgängen erheblich länger.

Mittlerweile hat sich die Einteilung nach **Lagen** weitgehend durchgesetzt. Ein Barolo wird immer öfter nicht mehr aus unterschiedlichen Lagen verschnitten, sondern als Einzellage vinifiziert, die dann auch auf dem Etikett ausgewiesen wird.

Die berühmtesten **Lagen** im Barolo-Gebiet sind:

in Barolo:
Cannubi, Sarmassa, San Lorenzo

in La Morra:
La Serra, Rocche dell'Annunziata, Arborina, Brunate, Cerequio

in Monforte d'Alba:
Bussia, Cicala, Colonello, Ginestra, Ciabot, Gavarini

in Castiglione Falletto:
Rocche, La Serra, Bricco del Fiasco, Villero, Monprivato

in Serralunga d'Alba:
Rionda, Ornato, Dilizia, Briccolina, Lazzarito

Die Bezeichnung ***Bricco*** in Verbindung mit einer Lage meint eine Hügelkuppe, während ***Sori*** einen Hang in sonniger Südlage bezeichnet, der viel reife Frucht mit süßen Aromen verspricht.

Barolo wird natürlich auch zum **Kochen** verwendet, unter anderem für den *Brasato al Barolo (das Kochrezept -> S. 110)*, der in den Langhe ein typischer Festtagsbraten ist.

Barbaresco

Der Barbaresco wird, wie der Barolo, ausschließlich aus Nebbiolotrauben gekeltert und oft als der *«kleine Bruder»* des Barolo bezeichnet.

Sein Anbaugebiet liegt nur einige Kilometer nordöstlich des Barolo-Gebietes in den Gemeinden **Barbaresco, Neive, Treiso** und Teilen von **San Rocco**. Die natürlichen Bedingungen sind aber anders und ergeben Weine, die nicht ganz so voluminös und kraftvoll sind wie die Barolo-Weine, sich dafür aber durch mehr Eleganz und ein fein balanciertes Bukett von aromatischer Fülle auszeichnen.

Das Bukett erinnert an Veilchen und frische Beeren, wobei Weine aus überdurchschnittlich feuchten und warmen Lagen in der Nähe des nördlich fließenden **Tanaro** meist besonders finessenreich geraten, während die südlicheren Lagen in Neive und Treiso eher Weine hervorbringen, die dem Barolo ähneln und deshalb von den Winzern gerne als *Baroleggianti* bezeichnet werden. Barbaresco-Weine gelten generell als weniger alterungsfähig als Barolo-Weine, ihre Lebensdauer wird meist mit zehn bis fünfzehn Jahren angegeben. Allerdings haben sich in den letzten Jahren einige Winzer daran gemacht, Barbaresco zu keltern, der es in Bezug auf Struktur und Langlebigkeit durchaus mit großem Barolo aufnehmen kann.

Die Unterschiede in den natürlichen Bedingungen betreffen sowohl den **Boden** als auch das Klima. Während man im Barolo-Gebiet eher rötliche, eisenhaltige Böden aus Sandstein und quarzhaltigem Sand findet, die tanninhaltige, in der Jugend harte und langsamer reifende Weine hervorbringen, sind die **kalkhaltigen Mergelböden** des Barbaresco-Gebiets insgesamt homogener und zeitigen Weine, die früher trinkreif sind und ihr elegantes, ausgeprägtes Bukett schon in der Jugend zeigen. Die Böden haben außerdem andere mineralische Zusammensetzungen, was zu unterschiedlichen Aromen im Wein führt.

Das **Klima** ist im Barbaresco-Gebiet vom breiten **Tanaro** geprägt und daher etwas milder. Das ermöglicht – zusammen mit der Tatsache, dass die Lagen selten 400 Höhenmeter erreichen – eine frühere Reife der Trauben, wobei jedoch der Zuckergehalt meist unter dem des Barolo liegt, was zu einem etwas niedrigeren Alkoholgehalt der Weine führt. Die Weinbauern können die Trauben früher lesen und sind daher in schwierigen Jahren weniger vom Risiko herbstlicher Regenfälle bedroht als ihre Barolo-Kollegen.

Wie auch in der Bezeichnung *«kleiner Bruder»* zum Ausdruck kommt, litt der Barbaresco immer unter einer Art Minderwertigkeitskomplex gegenüber dem berühmteren *«Bruder»* Barolo, obwohl er in den unmittelbaren Nachkriegsjahren sogar erfolgreicher war und höhere Preise erzielte als der *«große»* Nachbar.

Tatsache ist aber, dass Barbaresco alle bedeutenden Entwicklungen der letzten 150 Jahre erst nach dem Barolo in Angriff nahm. Erst Jahre, nachdem im Barolo-Gebiet Camillo Cavour mit seinem französischen Kellermeister Oudart den ersten trockenen Rotwein gekeltert hatte, beauftragten die Besitzer des Castello di Neive, die **Grafen Castelborgo**, denselben Louis Oudart damit, auch für sie einen modernen

Wein zu produzieren. Das Ergebnis fand erst im Jahre 1862 vor einer Jury in London internationale Anerkennung und blieb eine Eintagsfliege. Auch die moderne Richtung der piemontesischen Önologie wurde zwar von einigen Barbaresco-Winzern – mit Angelo Gaja als einem ihrer wichtigsten Protagonisten – früher als beim Barolo aufgegriffen, blieb aber lange Zeit isoliert und konnte sich erst viel später als im Barolo-Gebiet allgemein durchsetzen.

Die Geschichte des Barbaresco beginnt im letzten Jahrzehnt des 19. Jahrhunderts mit **Domizio Cavazza**, einem Professor aus Modena, der nach Alba kam, um hier eine Weinbauschule zu gründen. Er gilt als Vater des Barbaresco und gründete 1893 auch die *Cantina Sociale del Barbaresco,* eine der ersten Genossenschaftskellereien Italiens.

Die ersten Jahrzehnte des 20. Jahrhunderts brachten durch die großen Kriege und den Einfall der Reblaus, der zu einer Neubepflanzung der Weingärten zwang, einen Niedergang des Weinbaus und eine weitgehende Verarmung des ganzen Landstrichs.

Erst im Jahre 1958 war es ein einfacher Landpfarrer, der mit seiner Willenskraft und Zähigkeit eine Wende zum Besseren herbeiführte. **Don Fiorino Marengo** folgte dem Beispiel von Domizio Cavazza und griff dessen schriftlich niedergelegte Erfahrungen auf, um neuerlich eine Winzergenossenschaft zu gründen, die *Produttori del Barbaresco*. Er war von dem Willen beseelt, seine Arbeit als Pfarrer nicht auf die geistliche

Betreuung seiner Gemeinde zu beschränken, sondern seine ganze Kraft daran zu setzen, die verarmte Region wirtschaftlich wiederzubeleben. Um das zu erreichen, musste man seiner Ansicht nach das primäre Produkt des Gebietes, den Barbaresco, fördern, seine Qualität verbessern und durch die Gründung einer Genossenschaft die Bauern von den risikoreichen Schwankungen des Marktes weitgehend unabhängig machen. Die Anfänge waren bescheiden: Don Fiorino stellte die Keller der Pfarrkirche zur Verfügung und die Zahl der Gründungsmitglieder beschränkte sich auf neunzehn. Aber nach der Überwindung des anfänglichen Misstrauens verzeichnete die Genossenschaft einen steten Zuwachs an Mitgliedern und es ging kontinuierlich aufwärts.

Den ersten großen Erfolg gab es in den frühen 1960er Jahren, als dem Barbaresco, beginnend mit der Lese des Jahres 1964, das **Weingütesiegel DOC** *(Denominazione di Origine Controllata)* zuerkannt wurde. Heute ist die Genossenschaft **Produttori del Barbaresco** mit 105 Hektar Rebland der größte Barbaresco-Erzeuger und spielt eine tragende Rolle für die strukturpolitische Entwicklung der Region.

Die Entwicklung des Barbaresco in den Jahren nach der DOC-Zuerkennung hing eng mit Namen wie Angelo Gaja, Pio Cesare, den Brüdern Bruno und Marcello Ceretto und dem bekannten Gastronomen Guido Alciati zusammen. Sie erkannten das große Potenzial dieses Weines und entwickelten ihn zu einem Qualitätswein allererster Güte. Sie fingen an, die Trauben aus den besten Lagen als eigene Crus zu keltern und sie mit Marketingmaßnahmen bekannt zu machen.

Die ersten **Lagenweine** waren der Barbaresco *Rabajà* (vom besten Weinberg des Gebietes) und der Barbaresco *Martinenga,* dann folgten *Asili, Ovello, Santo Stefano* und andere. Die Vorkämpfer der Qualitätsweinproduktion waren auch die Ersten, die mit modernen önologischen Methoden zu experimentieren begannen.

Als Anfang der 1980er Jahre in Italien das **Weingütesiegel DOCG** *(Denominazione di Origine Controllata e Garantita)* eingeführt wurde, wurde es auch dem Barbaresco zuerkannt. Das DOCG-Siegel garantiert strengere Qualitätsnormen als das DOC-Siegel und wurde neben dem Barbaresco in ganz Italien nur vier weiteren Weinen verliehen: dem Barolo, dem Chianti Classico, dem Brunello di Montalcino und dem Vino Nobile di Montepulciano.

Das war der erste Schritt zur Emanzipation vom großen Bruder Barolo. Die endgültige Emanzipation folgte, nachdem sich in den 1990er Jahren moderne Kellereimethoden auch im Barbaresco-Gebiet allgemein durchgesetzt hatten, sodass man heute sagen kann, dass sowohl national als auch international Barolo und Barbaresco als die beiden Spitzenweine der Langhe angesehen werden.

Einer der wichtigsten **Protagonisten** für die Qualitätsweinproduktion im Barbaresco-Gebiet, ja überhaupt für den modernen Weinbau im Piemont und in ganz Italien ist der Starwinzer **Angelo Gaja**. Neben seiner Tätigkeit als Winzer und Geschäftsmann ist Gaja auch eine Art Botschafter des Weins, der in der ganzen Welt herumreist, um die italienischen Weine im Allgemeinen und die piemontesischen im Besonderen bekannt zu machen und seine Vorstellungen von Weinerzeugung weiterzugeben. Seine Karriere begann er damit, dass er mit anderen Kollegen seiner Generation ins nahe Burgund pilgerte. Dort lernte er den Gebrauch des Barriquefasses, die richtige Gärführung, die Kontrolle des biologischen Säureabbaus und noch andere kellertechnische Kniffe, die es ihm ermöglichten, das enorme Qualitätspotenzial seiner Trauben auch wirklich auszuschöpfen. Er trat 1961 in den elterlichen Betrieb ein, der 1859 von seinem Urgroßvater Giovanni gegründet worden war.

Sein Großvater Angelo heiratete Clotilde Rey, eine herrische, aber kluge Frau, die gelernte Volksschullehrerin war und in Barbaresco von allen Madame genannt wurde, nur die nächsten Verwandten durften den Kosenamen Tildin verwenden. Sie übernahm schnell das Regiment in der Kellerei und achtete rigoros auf qualitätsorientierte Arbeit in Weinberg und Keller. Ihr Sohn Giovanni, Angelos Vater, wurde Landvermesser und später Politiker. Während des Faschismus war er Ortsvorsteher in Lequio Berria und Parteisekretär in Barbaresco. Trotz seines faschistischen Hintergrundes wurde er von den Patisanen in Ruhe gelassen, weil er bei den Leuten sehr beliebt war.

Nach dem Krieg war er 25 Jahre lang (1958–1983) Bürgermeister in Barbaresco. Im Betrieb hatte seit 1944 die verwitwete Großmutter Tildin alleine die Zügel in der Hand. Giovanni Gaja hatte in den 1950er Jahren begonnen, beachtlichen Weinbergbesitz zu kaufen. Als Angelo 1961 in den Betrieb eintrat, versuchte er das in Burgund erworbene Wissen umzusetzen, wurde zum Vorreiter der *Nouvelle Vague* im italienischen Weinbau und wird von den ***«jungen Wilden»*** im Barolo-Gebiet und von vielen anderen jungen Winzern als Vorbild verehrt. Der 1996 von Slow Food herausgegebene Roman *Sori San Lorenzo* von Edward Steinberg erzählt die Geschichte von *Angelo Gaja* in allen Einzelheiten *(Näheres zu den Weinen von Angelo Gaja -> S. 199)*.

Die **Lagen** des Barbaresco:

in Barbaresco:
Rabajà, Martinenga, Asili, Ovello, Secondine

in Neive:
Santo Stefano, Cottà, Gallina, Starderi, Turot

in Treiso:
Bricco di Treiso, Pajoré, Rombone, Valeirano

Barbera

Barbera ist eine relativ säurebetonte, sehr fruchtige Rotweinsorte, die Reben bringen auch auf kargen Böden hohe Erträge und wurden lange Zeit für die Erzeugung von billigem Massenwein verwendet. Sie ist neben dem Moscato die Hauptsorte des Monferrato, eines ausgedehnten Hügellandes, das neben dem **Astigiano**, wie der zur Provinz Asti gehörige Teil heißt, noch die Provinz **Casale** nordöstlich von Asti und das **Alto Monferrato** um **Acqui Terme** und **Ovada** südöstlich von Asti umfasst.

Das **Monferrato** ist der bei weitem produktivste Teil der piemontesischen Weinlandschaft. Die Produktion von billigem Massenwein führte in den 1980er Jahren zum so genannten Methanolskandal, einem Weinskandal ähnlich dem österreichischen im Jahre 1985, jedoch noch um einiges gravierender, weil durch den Zusatz von giftigem Methanol mehr als 20 Menschen am Konsum von Barbera starben. Dieser Skandal zerstörte die Weinwirtschaft im Monferrato fast vollkommen, machte aber gleichzeitig den Weg frei für Qualitätsweinerzeugung nach dem Vorbild von Barolo und Barbaresco.

Wie kam es zu diesem Weinskandal? Das Monferrato gehört im Prinzip zur selben geologischen Formation aus dem Tertiär wie die Langhe, hat aber sandigere

Böden als die Weinlandschaft südlich von Alba. Das erklärt zum Teil, warum die Winzer hier nicht Nebbiolo, sondern **Barbera**, **Moscato** und einige andere Sorten auspflanzten, die auf den sandigen Böden besser gediehen. Als man nach der Reblauskatastrophe Ende des 19., Anfang des 20. Jahrhunderts die europäischen Edelsorten auf amerikanische, reblausresistente Unterlagsreben bzw. Wurzelstöcke aufpropfte, zeigte sich, dass Barbera auf den neuen Unterlagsreben besonders gut gedieh und auf fast jedem Boden üppige Erträge brachte. Qualitätsaspekte spielten bei den damals stark existenzgefährdeten Winzern naturgemäß nur eine untergeordnete Rolle.

Unter den Bedingungen des allgemeinen Massenweinbaus in der Zeit nach dem Zweiten Weltkrieg beutete man das Mengenpotenzial der **Barberatraube** bis zum Extrem aus. Die Rechnung für diese gedankenlose Politik bekamen die Winzer in den 1970er und 1980er Jahren präsentiert, als die Preise so weit gesunken waren, dass kaum mehr an ein anständiges Einkommen aus dieser Art von Massenproduktion zu denken war.

Einige besonders schlaue Abfüller überlegten, wie man die Produktionskosten noch weiter senken könnte, und fanden heraus, dass der durch die natürliche Gärung entstehende Äthylalkohol noch immer wesentlich teurer war als Methylalkohol, auch Methanol genannt. Dass diese Alkoholart schon in geringen Mengen hochgradig giftig ist, kümmerte sie dabei wenig, und so begannen sie, hektoliterweise schwachbrüstige und verwässerte Barbera-Weine unterhalb des gesetzlich vorgeschriebenen Alkoholgehaltes herzustellen und sie dann mit giftigem Methylalkohol auf den gewünschten Alkoholgehalt zu bringen.

Das Resultat dieser kriminellen Panscherei war verheerend. Innerhalb weniger Monate starben mehr als 20 Menschen, die vergiftete Barbera-Weine in zu hohen Dosen *«genossen»* hatten. Zwar wurden die Schuldigen ausgemacht und bestraft, aber der Schaden war schon angerichtet. Nicht nur die Produktion von Barbera, sondern die gesamte italienische Weinwirtschaft erlitt einen schweren Schlag, von dem sich beispielsweise der Weinexport des Landes erst nach vielen Jahren wieder erholen sollte. Der Schaden wäre noch viel katastrophaler gewesen, wären nicht einige der wichtigsten italienischen Anbaugebiete - wie die toskanischen, die friulanischen und auch die von Barolo und Barbaresco - wenige Jahre zuvor in eine Phase starker und unzweideutiger Qualitätsbemühungen eingetreten, die auch international bereits Anerkennung gefunden hatten.

So jedoch konnten jene Teile des Piemont, die hauptsächlich Barbera erzeugten, relativ schnell wieder Fuß fassen und nach dem Vorbild von Barolo und Barbaresco den Weg der Qualitätsweinproduktion einschlagen. Schon vor dem Methanolskandal hatte sich eine Gruppe innovativer Produzenten des Barbera angenommen. Es war vor allem **Giacomo Bologna** aus Rocchetta Tanaro bei Asti, der diesem Aschenputtel unter den piemontesischen Weinen seine ganze

Aufmerksamkeit widmete. Er wendete beim Barbera systematisch den biologischen Säureabbau an (die so genannte malolaktische Gärung, die nach der eigentlichen Alkoholgärung durchgeführt wird und die die im Traubensaft enthaltene aggressive Apfelsäure in milde Milchsäure umwandelt, wodurch der Wein milder wird) und lagerte ihn nach vollendeter Gärung zur Reifung in Barriquefässern aus französischer Eiche. Das Resultat dieser Bemühungen war sein legendärer ***Bricco dell'Uccellone***, ein Barbera von bis dahin unbekannter Fruchtfülle, Dichte und Würzigkeit.

Es dauerte nicht lange, bis einige Winzer im Gebiet um Alba, die gerade den Barolo nach ähnlichen Rezepten revolutioniert hatten, sich auch dem Barbera zuwandten und dem von Giacomo Bologna vorgezeichneten Weg folgten. Allen voran ist hier wiederum **Elio Altare** zu nennen, dessen ***Vigna Larigi*** auch heute noch als Modell-Barbera gilt. Einige Jahre später griff die Bewegung auch auf die Kollegen in den Hügeln von Monferrato über und es entstanden auch dort Barbera-Weine, die nichts mehr mit den kargen Säuerlingen der Vergangenheit zu tun hatten, sondern zu den saftigsten und fruchtigsten Weinen von internationalem Format gehören.

Moscato

Die Moscatotraube (Gelber Muskateller), eine Spielart der weit verbreiteten Muskateller-Familie, wird im Monferrato schon seit über 500 Jahren kultiviert und ist hier neben Barbera die am stärksten verbreitete Traubensorte. Ihr typischer Muskatgeschmack ist sehr charakteristisch und prägt den Charakter der aus ihr erzeugten Weine. Sie wird zur Erzeugung von **Asti Spumante** oder **Asti** (beide Bezeichnungen sind gesetzlich zulässig) verwendet, der einer der populärsten und billigsten, in vielen Fällen aber auch einer der geschmacklich anspruchslosesten Schaumweine der Welt ist.

Die Trauben für die überwiegend industriell organisierte Asti-Produktion wachsen hauptsächlich im **mittleren** und **südlichen Monferrato**, wo daher auch die meisten Asti-Erzeuger zu finden sind, besonders im Städtchen **Canelli** im Tal des Belbo östlich von Alba. Allerdings gibt es auch hier qualitativ hochwertige Neuentwicklungen wie den **Moscato d'Asti**, eine leichte, fruchtige Abart des klassischen Asti, und den **Loazzolo**, einen dichten, fast öligen Süßwein.

Die Moscatotraube wurde bis Mitte des 19. Jahrhunderts nur als Tafelobst verwendet. Erst **Carlo Gancia** verwendete sie zur Erzeugung von Schaumwein. Er hatte in der Champagner-Hauptstadt Reims gearbeitet und dort das Weinmachen gelernt. Als er 1850 ins heimatliche Canelli zurückkam, gründete er eine *«Champagner»*-Produktion, die schnell Schule machte und Nachfolger fand. Gancia hatte dieselben Intentionen wie Camillo Cavour für die Rotweine der Langhe, nur dass er sich nicht an Bordeaux orientierte, sondern an der damals schon seit 150 Jahren erfolgreichen Champagne.

Die Piemonteser Schaumweine wurden anfangs noch nicht süß, sondern trocken ausgebaut und verwendeten nach dem Vorbild der Champagne das aufwändige Flaschengär-Verfahren, bei dem die zweite Gärung und damit die Schaumbildung in der Flasche stattfindet.

Die neu gegründeten Kellereien hatten rasch großen Erfolg. Die Nachfrage nach ihrem Wein, den man später abschätzig als ***«Armeleutechampagner»*** bezeichnete, war so groß, dass die Kellereien mit dem Erzeugen nicht mehr nachkamen und sich bald von ihrem ursprünglich am Champagner orientierten Prestige-Anspruch verabschiedeten. Man hatte inzwischen das weit rationellere und vor allem billigere **Charmat-Verfahren** (Großraumgärung) erfunden, bei dem die zweite Gärung nicht mehr in Flaschen, sondern in großen Drucktanks stattfindet und der Wein anschließend unter Druck in Flaschen abgefüllt wird, um zu verhindern, dass dabei Kohlensäure entweicht und der Wein sein Prickeln verliert. Es wird oft behauptet, dass zwischen beiden Verfahren kein Qualitätsunterschied bestünde, vermutlich erreichen jedoch große, flaschenvergorene Schaumweine die Vielschichtigkeit in Bukett und Geschmack nur durch das lange Reifen des Weins auf dem Hefelager in der Flasche.

Beim Asti jedenfalls führte die Umstellung der Produktionsweise im Zusammenhang mit der steigenden Nachfrage zu einem langsamen Qualitätsverfall, der noch verstärkt wurde durch das massenhafte Auspflanzen von Moscatoreben in den am wenigsten geeigneten, kühlen und feuchten Flachlagen, deren maschinell zu bearbeitende Weingärten Rekorderträge lieferten. Besonders skrupellose Kellereien ließen sogar billiges Traubenmaterial aus Süditalien verarbeiten und erreichten damit, dass die Weine jeglichen Sortencharakter verloren und nur noch pappsüß schmeckten. Durch die bedenkenlose Anpassung an die stürmische Nachfrage verlor man den Qualitätsaspekt schließlich völlig aus den Augen und der Asti Spumante verkam im Laufe der Jahrzehnte zu einem Massenprodukt ohne jegliches Qualitätsprofil, das seinem Ruf als Armeleutechampagner nun in jeder Hinsicht gerecht wurde.

Erst in den 1980er und 1990er Jahren besann sich eine kleine Anzahl von Winzern wieder des ursprünglichen Qualitätsanspruchs dieses Weines. Um sich auch im Produktnamen vom Massenprodukt Asti Spumante abzugrenzen, von dem inzwischen mehr als 80 Millionen Flaschen im Jahr abgefüllt wurden, begannen sie, unter dem Namen **Moscato d'Asti** eine Variante zu keltern, die mehr Restsüße, jedoch weniger Kohlensäure und Alkohol enthält als der klassische Asti.

Es gibt nur etwas mehr als eine Hand voll Erzeuger dieses Produkts. Sie arbeiten sehr qualitätsorientiert und verwenden überwiegend Trauben aus eigenen, ausgezeichneten Weinberglagen, die sie langsam in Stahltanks vergären. Bei einer Alkoholgradation zwischen 4,5 und 6,5 Vol.-% wird die Gärung durch starkes Kühlen und wiederholtes Filtrieren gestoppt.

Durch das ausgezeichnete Traubenmaterial und das aufwändigere Produktionsverfahren entstehen Weine mit einem vielschichtigen Bukett, in dem neben dem typischen Muskataroma der Moscatotrauben noch Birnen, Orangen, Mandarinen, Holunder und andere Fruchtnoten mitklingen. Sie sind leichter und beschwingter als der klassische Asti und mit ihrem fruchtigen Charakter ein idealer Begleiter für Desserts und Früchte.

Der Vorreiter war **Giorgio Rivetti** in *Castagnole delle Lanze* *(Nähere Informationen -> S. 176)*, der schon in den 1980er Jahren einen Moscato d'Asti präsentierte, dessen Leichtigkeit und Beschwingtheit auch im Namen *Bricco Quaglia* (Wachtelhügel) zum Ausdruck kam und für den er vom italienischen Weinführer Gambero Rosso die begehrten *«Drei Gläser»* erhielt, die damals noch sehr spärlich vergebene Höchstnote. Das erregte bei den professionellen Weinkritikern, die bis dahin für den Asti nur ein verächtliches Achselzucken übrig hatten, großes Aufsehen.

Eine weitere, sehr interessante Version des Moscato ist der **Loazzolo**, ein dichter, fast öliger Süßwein nach dem Vorbild der edelsüßen Beerenauslesen österreichischer und deutscher Anbaugebiete. Er wird im Gebiet zwischen *Canelli (Nähere Informationen zu Canelli -> S. 178)* und Bubbio erzeugt und entweder als Spätlese geerntet oder als so genannter Strohwein oder *passito* verarbeitet, d. h. die Trauben werden auf Strohmatten getrocknet, bis sie fast zu Rosinen geworden sind und einen erheblich höheren Zuckergehalt aufweisen. Anschließend werden sie vergoren und in Barrique ausgebaut. Der ebenso rare wie teure Loazzolo ist mit seinem üppigen Bukett aus Rosen-, Veilchen- und Fruchtaromen ein Süßwein der Extraklasse.

Dolcetto

Der Dolcetto ist eine autochthone Rebsorte, die zu den ältesten im Piemont gehört und 1593 in den Annalen der Gemeinde Dogliani erstmals urkundlich erwähnt wurde. Ungeachtet seines Namens ist der Dolcetto nicht süß, sondern ein **frisch-fruchtiger Wein**, in dem oft auch ein leichtes Mandelaroma zu finden ist.

Während Barolo und Barbaresco eher an Feiertagen und zu besonderen Anlässen getrunken werden, stellt der Dolcetto den leichten Alltagswein dar, den viele Piemontesen sogar lieber mögen als die beiden anderen. Das mag auch damit zu tun haben, dass die frischen Trauben sehr süß (daher vielleicht auch der Name) und auf jedem Familientisch im Piemont zu finden sind, mit anderen Worten, dass fast alle Piemontesen mit dieser Traubensorte aufgewachsen sind und sie ihnen von klein auf vertraut ist.

Die Dolcettotrauben reifen sehr früh, sodass sie Mitte bis Ende September, etwa vier Wochen vor den Nebbiolotrauben, gelesen werden können. Das bringt für die Winzer zwei Vorteile: Erstens besteht praktisch kein Risiko, dass die im Piemont häufig auftretenden Herbstregen die Ernte verderben, und zweitens können sie den Dolcetto lesen und im Keller verarbeiten, bevor die Hauptarbeit mit den Nebbiolotrauben beginnt. Daher haben die meisten Barolo- und Barbaresco-Winzer auch den Dolcetto im Programm, um einerseits Ernterisiken auszugleichen und andererseits ihre Produktpalette mit dem beliebten, fruchtigen Alltagswein abzurunden.

Es ist bemerkenswert, dass für die Sorte Dolcetto gleich sieben verschiedene Herkunftsbezeichnungen (Appellationen) eingerichtet wurden, nämlich **Alba, Asti, Diano d'Alba, Dogliani, Langhe Monregalesi, Acqui** und **Ovada**. Mehr als die Hälfte der Gesamtproduktion entfällt allerdings auf den Dolcetto d'Alba, dessen Anbaugebiet weitgehend deckungsgleich mit dem von Barolo und Barbaresco ist. Hier gibt es auch den qualitativ besten Dolcetto. Es sind vor allem die Erneuerer der Barolo-Szene, wie Elio Altare, Luciano Sandrone, Roberto Voerzio, Enrico Scavino, die mit bemerkenswert kräftigen und anspruchsvollen Weinen aus dieser Sorte in Erscheinung getreten sind.

Im Anbaugebiet von **Dogliani** gibt es zwar auch Dolcetto-Weine, die nicht bloß einfache, süffige Alltagsweine sind, aber die Betriebe, die wirklich erfolgreich sind, haben diesen Erfolg nicht dem Dolcetto, sondern Barolo, Barbaresco und Barbera zu verdanken. Das Gleiche gilt für **Diano d'Alba**, wo viele Winzer auch Land im Barolo-Gebiet besitzen und ihr Hauptaugenmerk darauf richten. Im Gebiet des Dolcetto d'Asti und in den Langhe Monregalesi gibt es kaum besonders bemerkenswerte Weine dieser Sorte, ebenso wenig in den Appellationen von Acqui und Ovada.

Hier tritt ein Problem zutage, das es in vielen Weingegenden Italiens gibt, dass nämlich Appellationsbezeichnungen oft aus politischen Gründen eingerichtet werden, um eine Gemeinde oder eine bestimmte Interessengruppe zufrieden zu stellen, und nicht, weil ein besonderer Wein, ein besonderes Terroir oder eine Anzahl herausragender Erzeuger diesen Schritt rechtfertigen würden. Daher sind die Herkunftsbezeichnungen für Weine oft zu wenig deutlich voneinander abgegrenzt und erschweren dem Konsumenten die Orientierung.

Weniger bekannte Weine des Piemont

Roero und **Nebbiolo d'Alba** sind zwei Nebbiolo-Weine, die im Roero, dem Landstrich am linken Ufer des Tanaro zwischen Alba und Asti, heimisch sind. Da die Böden hier jedoch sandiger sind als im Barolo- und Barbaresco-Gebiet, ist der aus der Nebbiolotraube gewonnene Wein hier etwas frischer, leichter und tanninärmer als derjenige aus den Langhe. Die eigenständige DOC-Bezeichnung Roero wurde erst Mitte der 1980er Jahre eingeführt. Dass die Anbaugebiete dieser zwei Nebbiolo-Weine fast deckungsgleich sind, ist etwas verwirrend und erscheint wenig sinnvoll, zumal das Terroir und die Produktionsvorschriften der beiden Weine fast identisch sind.

Freisa ist eine alte Traubensorte, die nördlich von Asti angebaut wird, einen lieblichen, fruchtigen, oft nach Erdbeeren und Himbeeren duftenden Rotwein ergibt und in guten Jahren auch zu einem üppigen, dichten Rotwein gekeltert wird. Häufig wird Freisa in einer leicht schäumenden Variante (Frizzante) abgefüllt, die ein bisschen süß schmeckt, aber trotz ihrer Blume und Fruchtigkeit nicht unbedingt jedermanns Geschmack ist.

Grignolino ist ein Rotwein mit ausgeprägtem Fruchtcharakter, der trotz seines hohen Alkoholgehalts (13–14 %) und seines relativ starken Tanningehalts leicht schmeckt. In der Farbe ähnelt er dem, was die Franzosen *Tuilé* nennen, ein helles Karmesinrot, das beim Grignolino ins leicht Orangefarbene geht. Er wird in der Gegend um Asti und im nördlichen Monferrato gekeltert und ist jung zu trinken.

Der seltene **Bracchetto** ist das rote Gegenstück zum aromatischen weißen Moscato und wird in der Gegend um die Stadt Acqui östlich von Alba gekeltert.

Arneis ist eine alte, autochthone Rebsorte, die vor allem im Roero angebaut wird und einen trockenen, zart-fruchtigen Weißwein ergibt.

Eine alte Weißweinsorte aus dem Roero heißt **Favorita**. Dieser Wein ist trocken-frisch, eher säurearm und wird jung getrunken.

Erbaluce ist ein trockener, leicht säurebetonter Weißwein aus dem Anbaugebiet um Ivrea, der auch zu einem sehr guten Süßwein aus teilgetrockneten Trauben *(passito)* gekeltert wird.

Gattinara und **Ghemme** sind zwei Nebbiolo-Weine aus dem Anbaugebiet um Vercelli und Novara, wobei der Gattinara noch am ehesten mit Barolo und Barbaresco vergleichbar ist.

Die Küche des Piemont

Was für Geschichte und Kunst des Piemont gilt, das trifft auch auf die Küche zu. Sie ist durch die Nähe zu Frankreich und das Herrscherhaus Savoyen von der französischen Küche beeinflusst, hat aber eine eigene, rustikale Tradition bewahrt, die in den letzten Jahren gelegentlich auch mit moderner Finesse verfeinert wird.

Von den **regionalen Kochtraditionen** ist die der Langhe die berühmteste. Dabei ist besonders bemerkenswert, dass man nicht nur in gehobenen Restaurants gut isst, sondern vor allem in den kleinen Trattorien, Osterien und Familienlokalen Köstliches zu günstigen Preisen serviert bekommt. Das Niveau einer billigen *«Touristenabspeisung»* findet man hier kaum. Die Gaststätten achten auf die Traditionen der regionalen piemontesischen Küche und auf qualitativ hochwertige Zutaten. Die Auswahl ist zwar oft nicht sehr groß, doch dafür ist alles frisch und sehr schmackhaft; den Menüvorschlägen der Wirte kann man fast immer vertrauen. In den Landgasthäusern von Gebieten mit weniger Touristen (zum Beispiel im nördlichen Monferrato) empfiehlt sich eine telefonische Voranmeldung, da oftmals nur nach der Anzahl der Gäste gekocht wird. Den Höhepunkt der piemontesischen Küche stellt die *weiße Trüffel von Alba* *(Tartufo d'Alba)* dar *(Genaueres zur Trüffel -> S. 94)*.

Für ein großes Essen sollte man sich viel Zeit nehmen. Das beginnt schon mit den Antipasti, dem Stolz jeder Köchin und jedes Restaurants: Drei bis vier müssen es mindestens sein, bei größeren Anlässen auch zehn. Sie werden meist nacheinander serviert und zeichnen sich durch eine fast unerschöpfliche Vielfalt aus: rohes oder gekochtes Gemüse mit *Bagna caoda* (das ist ein *«Bad»* aus Olivenöl, Sardellen und Knoblauch), verschiedene Gemüse mit *Fonduta* (einer cremigen Soße aus Fontina-Käse, Milch, Butter und Eigelb), *Carne cruda* (Tatar), gefüllte Zucchiniblüten, in Schinken, Kräutern oder Trüffeln gewälzter junger Käse, gefüllte Tomaten, Scheiben von gefülltem kaltem Braten, Pasteten, Terrinen oder die köstliche *Tartrà*, ein Auflauf auf der Basis von Milch, Rahm und Eiern, der durch die Zugabe von Kräutern oder Pilzen verfeinert wird und herrlich duftet.

Zwei traditionelle **Antipasti**, einen Polenta-Auflauf mit Paprikaschoten und Haselnüssen, und *Acciughe al Tartufo*, ein Antipasto aus Sardellen, Trüffeln und Haselnüssen, können Sie nach Rezepten in diesem Buch zubereiten *(-> S. 107 und S. 114)*.

Als Vorspeise *(Primo Piatto)* gibt es meistens ein Nudelgericht wie die traditionellen *Tajarin* (schmale, meist hausgemachte Bandnudeln, die viele Eidotter enthalten) in verschiedenen Zubereitungsarten oder die *Agnolotti al Plìn* (quadratische, ravioliähnliche Teigtaschen, die mit einem besonderen Kniff – *plìn* – verschlossen werden und die es mit Fleisch-, Gemüse- und Käsefüllung und im Herbst mit Trüffeln gibt). Verbreitet ist auch das **Risotto**, das in vielen Abwandlungen zubereitet wird *(Rezepte für ein Risotto mit Barolo und Trüffeln -> S. 115)*.

Fisch spielt in der piemontesischen Küche eine geringere Rolle, allerdings wurde in den letzten Jahren im Roero (das ist das Gebiet zwischen Alba und Asti am linken Ufer des Tanaro) die alte Tradition der Fischzucht wiederbelebt. In Teichen und in den zur Bewässerung der Felder und zur Viehtränke angelegten Gräben werden vor allem **Schleien** gezüchtet, die im zarten Alter von einem Jahr herausgenommen werden und eine begehrte Spezialität sind *(ein Schleienrezept aus der moderneren piemontesischen Küche -> S. 109)*.

Als Hauptspeise *(Secondo Piatto)* gibt es in der Regel Fleisch oder Wild, das häufig gefüllt und im Herbst mit Trüffeln abgerundet wird. Das Fleisch wird nie kurz gebraten, sondern langsam mit vielen Gewürzen und oft mit Rotwein geschmort, wodurch herrliche, geschmackvolle Soßen entstehen. Am bekanntesten ist der ***Brasato al Barolo*** *(das Rezept für den Rinderbraten -> S. 110)*, der in Barolo und verschiedenen Gemüsen und Kräutern geschmort wird und in den Langhe ein typischer Festtagsbraten ist.

Häufig gibt es Innereien, wobei hier besonders ein Gericht zu nennen ist, das man als *Finanziera* bezeichnet. Es ist eine Art Ragout aus verschiedenen Fleischstücken, Kalbsbries, Innereien und manchmal Hahnenkämmen, das seinen Namen daher hat, dass es im Aussehen einem reich bestickten Umhang ähnelt, den man früher trug und den sich im 19. Jahrhundert angeblich nur Angehörige der Hochfinanz leisten konnten. In so mancher Trattoria der Langhe wird man als köstliche Überraschung Kalbsbraten oder Kalbshaxe mit Haselnüssen, manchmal auch Kaninchen oder Ziegenkitz mit Haselnüssen finden. Das sollte man auf jeden Fall probieren.

Zum **Nachtisch** gibt es frische Früchte, Käse oder Süßspeisen. Die besten Käsesorten aus den Langhe sind der Castelmagno (ein Schimmelkäse), der Robiola und der Toma (oder Tuma), den es auch in getrüffelter Version gibt und den manche Hersteller in Heu oder Stroh reifen lassen *(Tuma d'la Paja),* was ihm eine besondere Geschmacksnote gibt. Der pikanteste Käse ist der Brus (oder Bross), der mit etwas Schnaps versetzt ist.

Bei den Süßspeisen spielt die Haselnuss eine große Rolle, schließlich sind die piemontesischen Haselnüsse nach Meinung der Piemontesen die besten der Welt. Bekannt sind vor allem die traditionelle ***Torti di Nocciola*** (Haselnusstorte) *(eine traditionelle Zubereitungsart von Torta di Nicciola -> S. 113)* und die so genannte *Supercrema*, eine Schokolodecreme mit Haselnüssen und Trockenfrüchten. Die *Supercrema* wurde vom Süßwarenhersteller Ferrero in Alba zur industriell hergestellten Nutella entwickelt, die bei Kindern in aller Welt beliebt ist.

Weitere traditionelle Süßspeisen sind das *Bonet*

(bedeutet so viel wie Hut, Kappe), eine Art Schokoladepudding aus Milch, Eiern, Kakao und zerriebenen *Amaretti* (Mandelkeksen), die so genannte *Salame di Castagne* aus Edelkastanien, die gefüllten, mit zerstoßenen Haselnüssen bestreuten und im Rohr gebratenen Pfirsiche und die *Ossi di Morto* (Totenknochen), eine Art türkischer Honig, der mit Haselnussmehl zubereitet und traditionellerweise zu Allerseelen gegessen wird.

Weitere süße Köstlichkeiten, die man auch zwischendurch isst, sind *brutti e buoni* (hässlich und gut), das sind unregelmäßig (hässlich) geformte Kekse aus einer Mandelmasse, *Cannoli* (gefüllte Hohlhippen), *Nisulin* (mit Zucker überzogene Haselnüsse) und die *Lamorresi al Barolo*, das sind weiche Pralinen aus Kakao und Haselnüssen mit einem Schuss Barolo.

Der Duft der weißen Trüffel von Alba

Sie gilt als wertvollster Bodenschatz im Piemont, als weißes Goldnugget, als edelster Pilz auf Erden: *Tuber Magnatum Pico,* die weiße Alba-Trüffel ***(Tartufo d'Alba)***. Sie ist nicht nur in der Umgebung der Stadt Alba, von der sie ihren Namen hat, zu finden, sondern auch in der Umgebung von Asti und im Monferrato.

Schön sind die **kartoffelähnlichen Knollen** mit ihren braunen Warzen wahrlich nicht, aber sie sind die kostbarsten Speisepilze und gehören mit ihrem eigenwilligen, unvergleichlichen Aroma von alters her zu den begehrtesten Delikatessen. So kannten etwa die alten Römer schon 1500 Jahre vor der Erfindung der Gabel die Trüffelreibe, um die Knollen in feinsten Scheiben über ihre Speisen zu reiben.

Die Trüffeln brauchen zum Gedeihen eine Wirtspflanze - meist Wurzeln von Pappeln, Eichen oder Weiden - und wachsen zu Füßen dieser Bäume etwa 40–80 cm tief unter der Erde. Die Pappeln bringen die weißen, glatten *Bianconi* hervor, am Fuß der Eichen findet man gräulich-braune, haselnussfarbene Knollen, die als die aromatischsten gelten, und darüber hinaus findet man die weißen Trüffeln außer bei Weiden noch an den Wurzeln von Platanen, Buchen, Ahorn- und Nussbäumen.

weiße Trüffel

Der Turiner Botaniker **Vittorio Pico** erforschte Ende des 18. Jahrhunderts den *Tuber Magnatum Pico* eingehend und schuf mit seinen Studien ein Grundlagenwissen, auf dem die moderne Agrarbotanik aufbaute und Techniken zur Besporung der Bäume entwickelte, in deren Wurzelwerk die Trüffeln wachsen. So entstanden überall im Piemont Zuchten und Wäldchen, die *«kultivierte»* Trüffeln bzw. Trüffeln *«auf Nummer sicher»* liefern sollten.

Das Suchen in freier Natur ist aber nach wie vor von großer Bedeutung und ist von einer gewissen geheimnisvollen Aura der Schatzsuche umgeben, weil die **Trüffelsucher** meistens nachts unterwegs sind – man nennt sie auch die *«Phantome der Nacht»* –, um ihre Fundstellen, so gut es geht, geheim zu halten. Die lizenzierten Trüffelsucher *(Trifolai)* mit *«Trüffelsucher-Scheinen»*, die von den lokalen Behörden ausgestellt werden, und auch so manche Trüffelwilderer machen sich zwischen September und Jänner nachts auf den Weg, um das Ergebnis ihrer *«Schatzsuche»* am nächsten Morgen auf dem Trüffelmarkt oder direkt an Restaurants und private Konsumenten zu verkaufen.

Zum Suchen in freier Natur verwendete man früher **Schweine**, die die Trüffeln erschnupperten, dann allerdings schwer davon abzuhalten waren, sie mit ihrem Rüssel auch gleich auszugraben und zu fressen. Daher ist man schon seit einiger Zeit dazu übergegangen, eigens dafür gezüchtete **Hunde**, die so genannten *Tabui*, zu verwenden, die gegenüber den Schweinen den Vorteil haben, dass ihr Geruchssinn besser ausgebildet ist und sie außerdem auch keine Trüffeln fressen, ihnen genügt ein Hundekeks als Belohnung, wenn sie eine Fundstelle erschnuppert haben.

Das ist bei den **Preisen**, die Trüffeln auf dem Markt erzielen, nicht unerheblich. Sie kosten auf dem offiziellen Markt 2.000 bis 2.500 Euro pro Kilogramm, das ergibt für eine kastaniengroße Knolle in etwa einen Preis von 20 bis 30 Euro. Nach offiziellen Angaben liegt die jährliche Gesamternte zwischen 3.000 und 5.000 Kilogramm, je nach Wetter und Steuerehrlichkeit der Finder. Man kann aber ohne weiteres davon ausgehen, dass ein erheblicher Teil am Fiskus vorbei verkauft wird, entweder auf dem inoffiziellen Markt in den Seitengässchen von Alba und Asti oder direkt an Restaurantbesitzer oder private Konsumenten.

Der weißen Trüffel werden im Volksglauben wahre **Wunderkräfte** zugeschrieben, heilende und vor allem **aphrodisische** und **potenzsteigernde Wirkungen**. Manche Besessene gehen sogar so weit zu sagen, mit der weißen Trüffel könne man alles außer dem Tod kurieren. Dieser sie umgebende Zauber nährt sich wohl ein wenig aus der Tatsache, dass sie im Verborgenen, tief unter der Erdoberfläche wächst und ihre Entstehung und Vermehrung lange Zeit von einem Mysterium umgeben war, das erst im Zeitalter der naturwissenschaftlichen Aufklärung enträtselt wurde.

Seit der klassischen Antike stritten sich deswegen Gelehrte und Philosophen und schrieben darüber spitzfindige Abhandlungen. Plinius der Ältere gelangte zum Urteil, die Knolle entstünde im *«Fluss aus den Bäumen, zu deren Wurzeln er sich sammelt»*, ein anderer meinte, sie käme aus dem Boden selbst, wo sie im Morast durch natürliches Keimen entstünde, wieder andere sahen ihren Ursprung im Donner oder im Blitz, im Regen, im Schnee oder in dessen Schmelze, wenn sich das Erdreich erwärmt.

Juvenal lässt die Trüffeln sprechen: *«Wir geben keinen Samen, noch werden wir aus Samen geboren – aber wer immer uns auch verzehrt, vermeint fruchtbar zu sein.»* Eine ähnliche Meinung, doch etwas deutlicher, äußert ein Monsignore Pisanelli in seiner Abhandlung *De' cibi et del bere* (Von den Speisen und vom Trinken), die 1589 erschien und in der er schreibt, dass *«von den Trüffeln ... die weißen weiblich sind und ... sehr von Nutzen, da sie den Gaumen verwöhnen, die Samenflüssigkeit mehren und die Lust auf Beischlaf steigern»*.

Der **eigenwillige** und **unvergleichliche Duft** der weißen Trüffeln hält sich nur einige Tage. Er verliert dann schnell sein intensives Aroma und weicht einem eher erdigen, muffigen Geruch, der zwar immer noch sehr stark und charakteristisch ist, aber weit entfernt von dem betörenden Parfüm der frisch geernteten Trüffeln. Nicht alle mögen diesen intensiven, manchmal etwas stechenden Geruch, der auch zu mancherlei kritischen und spöttischen Kommentaren Anlass gibt.

Es waren vor allem die französischen Trüffelkundler, die sich mit Bemerkungen gegen die weiße Alba-Trüffel hervortaten und zum Beispiel meinten, dass sie *«ob ihres Geruchs, in dem sich Knoblauch, Zwiebel, Schalotte und stinkender Käse vermengen ..., nur für einfache Speisen verwendet wird»*. Da solch kritische Bemerkungen aber meist einhergingen mit einer Lobpreisung der schwarzen Trüffel aus dem Périgord, darf man wohl annehmen, dass hier das Konkurrenzmotiv als Vater des kritischen Gedankens gelten kann. Andere Kommentare wiederum verraten eher die Lust am Spötteln, etwa die Bemerkung, dass die weiße Trüffel *«wie ungewaschene Pfadfindersocken nach einer dreiwöchigen Wanderung bei großer Hitze»* rieche oder - noch schlimmer - *«wie ein Eber zwischen den Beinen»*. Wie auch immer, der Geruch von frischen Trüffeln ist so charakteristisch, dass man ihn, einmal gerochen, nicht mehr vergisst.

Moncalvo - Trüffelgeschäft

Die einzig brauchbare Form der **Konservierung** ist das getrüffelte Olivenöl, das es heute in jedem besseren Supermarkt zu kaufen gibt. Allerdings sollte man darauf achten, ob das Öl nur mit Trüffelessenzen versetzt ist, die eine relativ schwache Aromatisierung ergeben, oder ob Trüffelstücke im Öl schwimmen, wobei ein kleines Stück frischer Trüffel in der Größe eines halben Fingernagels genügt, um eine ganze Flasche so zu aromatisieren, dass der Geruch und

Geschmack des Olivenöls relativ nahe an das Aroma frischer Trüffeln herankommt. Von allen anderen Konservierungsformen wie in Salzlake eingelegten Trüffeln, Trüffelpasten, Trüffelsugo etc. sollte man eher die Hände lassen.

Frische Trüffeln kann man in Alba und Asti auf den *Trüffelmärkten (Informationen zu den Kaufmöglichkeiten -> S. 192 und 197)* und in einigen Spezialgeschäften kaufen.

Für eine Tagesreise etwa ist der **Transport** frischer Trüffeln durchaus möglich, von einem längeren Transport ist aber abzuraten. Man wickelt die Trüffeln in saugfähiges Papier oder ein Leinentuch, das man jeden Tag wechseln sollte. Man kann sie auch in einem verschlossenen, mit rohem Reis gefüllten Glas transportieren, sollte das Glas aber nicht zu lange verschlossen halten, weil die Trüffeln atmen müssen. Zuhause sollte man die Trüffeln in rohem Reis kühl lagern. Aber, wie schon gesagt, sie halten ihr frisches Aroma nur einige Tage.

Slow Food – eine kulinarische Bewegung im Zeichen der Schnecke

Als im Jahre 1986 in Rom das erste Fast-Food-Lokal eröffnet wurde, war das für einige Piemontesen Grund genug, sich bei einer Flasche Wein zusammenzusetzen und zu überlegen, was man gegen die Invasion des Fast Food unternehmen könnte. Dabei kam man auf die Idee, unter dem Schlagwort ***«Slow Food»*** eine Gegenbewegung ins Leben zu rufen, die sich gegen die industrielle Vereinheitlichung der Esskultur richten und die bedrohte Vielfalt der regionalen kulinarischen Kulturen schützen und wiederbeleben sollte.

Der Erfolg der Initiative war überwältigend. Handelte es sich ursprünglich mehr um eine hedonistische Idee, die das *«Recht auf Genuss»* forderte und den Konsum industriell hergestellter Lebensmittel ablehnte, zählt Slow Food heute in Italien 30.000 Mitglieder, die sich aus Produzenten, Konsumenten, Fachleuten, Journalisten und Verlegern zusammensetzen und die gesamte öffentliche Debatte über Ernährungs- und Genussthemen beeinflussen. Dabei ist bemerkenswert, dass diese beiden Aspekte als zusammengehörig betrachtet werden, nicht so wie in anderen Ländern, wo Ernährungsfragen meist unter rein gesundheitlichen Gesichtspunkten diskutiert werden und der Genuss ausgespart bleibt.

1989 wurde **Slow Food International** gegründet und ist heute mit 75.000 Mitgliedern in 45 Ländern aktiv. Im deutschsprachigen Raum gibt es Slow-Food-Vereine in Deutschland, Tel. (0049/251) 79 33 68, und der Schweiz, Tel. (0041/1) 380 39 49, in Österreich wird es bald einen Verein geben; nähere Informationen dazu unter der gebührenfreien Rufnummer (0800) 28 11 41 und auf der Website www.slowfood.com.

Die **Organisation** hat ihren Hauptsitz in dem Städtchen **Bra** im Piemont, ihr Gründer und Präsident ist Carlo Petrini, ein piemontesischer Journalist, der früher für die römische Tageszeitung *Il Manifesto* eine Essenskolumne namens *Gambero Rosso* (Roter Krebs) schrieb. Der Grundgedanke von Slow Food besteht darin, den Genuss mit einem tief reichenden Verantwortungssinn für Umwelt und Nahrungsmittelproduktion zu verbinden. Man zielt dabei auf ein weniger intensives Landwirtschaftsmodell ab, das sich gegen die industrialisierte Nahrungsmittelproduktion wendet und die Herstellung von regionalen, natürlichen und hochwertigen Produkten fördert, was auch den ärmeren Regionen eine Chance bietet. Slow Food unterstützt den Erhalt kulinarischer Traditionen, die biologische Geschmacksvielfalt und den Schutz von Tierrassen und Gemüsesorten.

Bei Slow Food richtet man sein Augenmerk auch darauf, dem Wachstum und der Zubereitung von Speisen die angemessene Zeit zuzugestehen, wobei man die Schnecke als Sinnbild der Langsamkeit gebraucht, die ein Gegenbild darstellen soll zur Rastlosigkeit der Industrienorm, die auf den Biorhythmus zu wenig Rücksicht nimmt. Wenn man zum Beispiel bei Kühen mit der Verfütterung von Hormonen das Wachstum zu beschleunigen versucht, sodass sie statt nach 16 Monaten schon nach 14 Monaten ausgewachsen sind, dann mag das vielleicht die Rendite des Züchters erhöhen, wirkt sich aber eindeutig negativ auf die Qualität der Milch und des Fleisches aus. Ähnliches gilt für die Zubereitung vieler Gerichte, die erst durch das langsame Köcheln ihre Schmackhaftigkeit erhalten, die Zubereitung eines mürben Bratens oder einer schmackhaften Soße braucht eben ihre Zeit.

Das erfordert natürlich, sich gegen eine Knute zu wenden, die den Menschen der industriell geprägten Kultur antreibt: die Eile. An der Eile sterben nicht nur Menschen, sondern auch Gerichte. Man braucht sich nur ein 150 Jahre altes Kochbuch anzuschauen, um zu wissen, welche Gerichte mittlerweile ausgestorben sind. Todesursache: Fertiggerichte *(«Es geht doch viel einfacher»)*, Fast Food *(«Ich habe in einer halben Stunde den nächsten Termin»)*, Gleichgültigkeit *(«Ich kann ja nicht gut kochen», «Warum soll ich mich nach der Arbeit noch in die Küche stellen»)* – alles einsichtige Gründe, die aber auch zeigen, dass der Lebensstil des modernen, großstädtischen Menschen für die Pflege kulinarischer Traditionen und kreativer Kochkunst wenig Raum lässt, es sei denn durch den Besuch von exquisiten Haubenlokalen, die aber für viele unerschwinglich sind.

Als ***«Greenpeace der Gastronomie»*** wurde die Slow-Food-Bewegung von der *New York Times* bezeichnet, nachdem sie ab Mitte der 1990er Jahre begonnen hatte, sich von der anfangs eher spielerischen Orientierung an der Vielfalt des kulinarischen Genusses zu einer ernsthaften Organisation mit konkreten politischen Strategien zur Verfolgung ihrer Ziele zu entwickeln. Diese Wandlung stand im Zusammenhang mit ausgiebigen Diskussionen, die in der Öffentlichkeit über Genmanipulation und BSE geführt wurden und die auch von Slow Food eine Stellungnahme erforderten. Es wurde dabei klar, dass die ungebremste Industrialisierung der Nahrungsmittelproduktion durchaus bedrohliche Gefahren in sich birgt.

Man begann damit, Lebensmittelmessen für regionale Produkte zu organisieren sowie Restaurantführer und den bekannten Weinführer ***Gambero Rosso*** (Roter Krebs) zu veröffentlichen. Später folgte ein Atlas der Weinlagen und -produzenten, zunächst für das Barolo- und Barbarescogebiet und dann auch für andere Weinbaugebiete Italiens. Dieser Atlas lieferte eine aktuelle Bestandsaufnahme der besten Weinlagen und trug mit dazu bei, die Vinifizierung von Lagenweinen zu fördern und den Barolo und den Barbaresco wieder zu Qualitätsweinen allererster Güte zu machen. 1996 verfasste man eine so genannte ***Arche des Geschmacks***, eine Art Manifest, in das vom Verschwinden bedrohte Lebensmittel aufgenommen werden sollten. Man begann, eine Liste von Produkten zu erstellen, die geschützt werden sollten und für die man ein Gütesiegel entwickelte, das mittlerweile auch von der EU anerkannt wird. Die Bezeichnung **DOP** *(Denominazione di Origine Protetta)* garantiert, ähnlich wie beim DOC-Wein, einen bestimmten Qualitätsstandard. Mittlerweile gibt es für Käse in ganz Italien eine Liste von 29 DOP-Sorten (zum Beispiel Parmigiano Reggiano, Grana Padano), von denen sieben aus dem Piemont kommen (Toma Piemontese, Gorgonzola, Castelmagno, Bra, Murazzano, Robiola di Roccaverano, Raschera die Alpeggio).

Man fing dann an politisches Lobbying zu betreiben und erreichte als bisher größten politischen Erfolg, dass unter Mitwirkung von Slow Food ein Gesetz erlassen wurde, das besagt, dass das gastronomische Erbe Italiens als nationales Gut anerkannt wird. Die Liste der DOP-Produkte soll vervollständigt werden und die darauf befindlichen Produkte sollen als Teil der nationalen Kultur und Identität gelten und ebenso schützenswert sein wie eine gotische Kirche oder eine Statue von Michelangelo.

Der Slow-Food-Bewegung wird manchmal vorgeworfen, sie sei elitär und darauf ausgerichtet, einer zahlungskräftigen Schicht ein genussvolleres Leben zu ermöglichen. Aber spätestens seit den katastrophalen Auswüchsen von BSE weiß man, dass eine qualitativ hochwertige Lebensmittelproduktion einen gewissen Preis hat und dass die einzig und allein am geringsten Preis orientierte industrielle Produktion von Nahrungsmitteln nicht nur mindere Qualität liefert, sondern ab einem gewissen Punkt von der Lebenserhaltung in Lebensbedrohung umschlägt. Wenn man bedenkt, dass unsere Vorfahren 80 Prozent ihres Einkommens für Ernährung verwenden mussten und wir heute etwa 15 Prozent, dann kann man wohl sagen, dass es weniger darum geht, Lebensmittel noch billiger zu machen, sondern eher darum, in der Nahrungsmittelerzeugung einen gewissen Mindeststandard einzuhalten.

Dabei hat die von Slow Food vertretene Lebensphilosophie durchaus ihren Platz, die den maßvollen Genuss als Teil einer historisch gewachsenen Kultur und eines natürlichen Lebensrhythmus ansieht. Man kann wohl sagen, dass für ein erfülltes Leben das Eingebundensein in eine historisch gewachsene Gemeinschaft ebenso wichtig ist wie das Finden eines eigenen, persönlichen Lebensrhythmus – und ab und zu wohl auch die genussvolle Ekstase. Wie heißt es doch so schön in einer Bach-Kantate: *«... und schmecken auf Erden die himmlische Lust.»*

REZEPTE AUS DER PIEMONTESISCHEN KÜCHE

Polenta-Auflauf mit Paprikaschoten und Haselnüssen

Das Rezept für diese Delikatesse stammt aus den Aufzeichnungen eines alten Pfarrhauses in den Langhe.

Zutaten für 4 Personen:

3/4 l Wasser
200 g Maisgrieß
30 g Butter
Haselnussöl
ca. 50 g geriebener Hartkäse
(Parmesan oder Bergkäse)
1 rote Paprikaschote
1 gelbe Paprikaschote
1 Hand voll geröstete, gehackte
Haselnüsse
schwarzer Pfeffer aus der Mühle, Salz

Zunächst eine trockene Polenta zubereiten, d. h. Wasser mit Salz in einem Topf zum Kochen bringen und unter Rühren den Maisgrieß einrieseln lassen. Fünf Minuten bei schwacher Hitze kochen lassen und dabei ständig rühren, damit der Grieß nicht anbrennt. Butter und 3–4 Esslöffel Haselnussöl einrühren (Butter kann auch weggelassen werden). Hartkäse und Pfeffer untermengen. Dann zugedeckt bei schwächster Hitze ausquellen lassen (zirka 25–30 Minuten).

Auflaufform mit Haselnussöl bestreichen und eine zwei Finger dicke Schicht Polenta darin verteilen. Darüber kommen die in dünne Streifen geschnittenen und in Haselnussöl angebratenen Paprikaschoten (eventuell vorher schälen) und zirka 1/16 l (eventuell auch etwas mehr) Haselnussöl. Die Form bei sehr geringer Hitze (zirka 100 Grad) für zwei Stunden ins Rohr geben, bis die Paprikastreifen fast kandiert und karamellisiert sind. Die Haselnüsse darüber streuen, etwas Haselnussöl, Salz und Pfeffer aus der Mühle dazugeben und nochmals für zirka 15 Minuten ins Rohr schieben. Der Auflauf soll trocken sein. Zum Servieren wird er in tortenartige Stücke geschnitten.

Salat aus Schleien, Fenchel, Orangen und Kapern

Zutaten für 4 Personen:

4 Schleien à ca. 150 g
4 kleine Fenchelknollen
1–2 Orangen
Saft einer halben Orange
1 Esslöffel Kapern
Olivenöl, Salz, Pfeffer

Fenchelknollen (nur den zartesten Teil) in ganz dünne Scheiben hobeln, die Orangen schälen und in Spalten teilen. Schleien filetieren, salzen und in Olivenöl knusprig braten. Fenchelscheiben in der Mitte der Teller anordnen, je 4–5 Spalten Orangen darüber verteilen und die heißen Fischfilets obenauf legen. Einige Kapern und eine Marinade aus Orangensaft, Olivenöl, Salz und Pfeffer darüber verteilen.

Barolo-Braten (Brasato al Barolo)

Der Barolo-Braten ist in den Langhe ein typischer Festtagsbraten. Er wird in verschiedenen Varianten zubereitet und immer langsam geschmort.

Zutaten für 4 Personen:

800 g Rindsfilet vom dicken Ende (oder Beiried)
1 Scheibe (ca. 1 cm dick) durchzogener Bauchspeck
1 Esslöffel Tomatenmark
2 Tomaten
100 g Champignons
50 g Stangensellerie
1 halbe (dünne) Stange Lauch
1 mittlere Zwiebel
2–3 Knoblauchzehen
einige Thymianzweige
Petersilie
1 Lorbeerblatt
1/4 l alter Barolo (evtl. etwas mehr)
1/4 l Rindsuppe (evtl. etwas mehr)
1/4 l Schlagobers
Olivenöl und Butter
Salz, Pfeffer aus der Mühle

Die hier vorgestellte Variante bedient sich der Methode des besonders langsamen Garens bei sehr niedriger Temperatur, d. h., das Fleisch wird rundum scharf angebraten und kommt dann bei 80 Grad für fünf Stunden ins Rohr. Der Braten ist dann innen schön rosa und ganz weich, vorausgesetzt, dass die Fleischqualität gut ist und das Rohr die Temperatur konstant hält. Diese Art der Zubereitung eignet sich auch gut, wenn man Gäste hat, weil man während der fünf Stunden mit dem Braten absolut nichts zu tun hat (kein Übergießen mit Saft etc.) und man am Schluss nur mehr die Soße finalisieren und die Beilagen zubereiten muss.

Suppe vorbereiten und das Gemüse (Tomaten, Champignons, Sellerie, Lauch, Zwiebel, Knoblauch) klein schneiden.

Das Fleisch salzen und pfeffern und mit dem klein gewürfelten Speck in einer Mischung aus Olivenöl und Butter bei starker Hitze rundum scharf anbraten. Das Fleisch herausnehmen und das Tomatenmark kurz anrösten (zirka eine Minute). Dann das geschnittene Gemüse, Thymian, Petersilie und Lorbeerblatt dazugeben (evtl. noch etwas Öl beifügen) und zirka 10 Minuten bei mittlerer Hitze braten. Nur leicht salzen. Den Barolo dazugeben, kurz aufkochen und etwas köcheln lassen, dann die Suppe dazugeben, kurz aufkochen und dann köcheln lassen, bis die Flüssigkeit so weit reduziert ist, dass sie den Boden noch etwas mehr als 1 cm bedeckt (zirka 20–25 Minuten).

Das Fleisch wieder dazugeben und das Ganze ins vorgeheizte Rohr (80 Grad). Während der fünf Stunden das Rohr nicht öffnen. Wenn das Rindsfilet vom mittleren Teil ist, genügen vier Stunden, bei einem Beiried können es auch sechs Stunden sein. Und wenn es acht Stunden sind, ist es auch nicht schlimm, dann ist das Fleisch innen vielleicht nicht mehr so schön rosa, aber immer noch schön weich.

Topf herausnehmen und das Fleisch im Rohr warm stellen. Das Gemüse durch ein Sieb passieren und möglichst viel von dem Saft aus dem Gemüse durch das Sieb drücken. Schlagobers dazugeben und köcheln lassen, bis die Soße sämig ist (zirka 20 Minuten). Soße abschmecken und eventuell noch mit kalter Butter montieren.

Als Beilage passen in Butter geschwenkte Bandnudeln und Salat mit getrüffeltem Olivenöl.

Haselnusstorte (Torta di Nocciola)

Zutaten für 4 Personen:

25 g Mehl
125 g geröstete, zerstoßene Haselnüsse
125 g Zucker
3 ganze Eier
1/2 Glas Rum (ca. 6 cl)
1 P. Vanillezucker
7 g Hefe

Alle Zutaten gut vermischen und die Masse bei 170 Grad für 35 Minuten ins vorgeheizte Rohr geben. Die zirka 2 cm hohe Torte soll schön goldgelb und nicht zu trocken sein. Sie schmeckt besonders gut, wenn man sie mit *Zabaione* (Weinschaum-Creme) aus *Moscato d'Asti* bestreicht.

Trüffelrezepte

Ganz wichtig: Trüffeln nie waschen, nur bürsten!

Am einfachsten verwendet man Trüffeln, indem man sie mit dem Trüffelhobel über simple Speisen wie Rühreier, eine Pasta oder ein Risotto reibt. Man kann sie auch leicht erwärmen, aber auf keinen Fall verbraten oder sonst wie heiß verarbeiten.

Acciughe al Tartufo (traditionelles piemontesisches Antipasto)

Schöne, in Salz eingelegte Sardellen gut waschen und bis auf zwei entgräten. Die zwei nicht entgräteten mit etwas Olivenöl (evtl. getrüffelt, wenn keine frischen Trüffeln vorhanden sind), Haselnüssen und einem Stückchen Trüffel im Mörser zerstampfen und über die restlichen Sardellenfilets verteilen. Noch eine Prise gehackte Haselnüsse, etwas Petersilie und Majoran darüber. Fertig.

Getrüffelter Champignonsalat

200 g frische Champignons und 100 g Parmesan in feine Scheiben schneiden und mit 60 g Rucolablättern in einer Schüssel vermischen. Mit Salz, Pfeffer aus

der Mühle, etwas Zitronensaft und reichlich Trüffelöl anmachen. Wenn vorhanden, frische Trüffeln darüber hobeln.

Tagliatelle (oder Spaghetti) alle Langhe

Tagliatelle al dente kochen. Pfanne mit Knoblauch ausreiben, dann reichlich Rosmarin und Salbei in viel Butter (evtl. mit getrüffeltem Olivenöl vermischt) leicht anrösten, evtl. noch ein wenig gehobelte Trüffeln kurz mit erwärmen. Tagliatelle darin schwenken und mit geriebenem Parmesan (oder einem würzigen Bergkäse) vermischen. Zum Schluss noch reichlich Trüffeln darüber hobeln.

Risotto al Barolo e Tartufo

Eine fein gehackte Zwiebel und etwas fein gehackten Stangensellerie in einer Mischung aus Olivenöl und Butter anbraten, 400 g Risottoreis (für vier Personen) hinzufügen und kurz mitbraten, bis er glasig ist. Mit 1–2 Gläsern altem Barolo ablöschen und aufkochen. Köcheln lassen und dann nach und nach (bevor die Flüssigkeit ganz verkocht ist) etwas Rindssuppe zugießen, bis der Reis weich ist (zirka 20–25 Minuten). Der Reis soll noch bissfest *(al dente)* sein und so viel Flüssigkeit enthalten, dass das Risotto eine cremige Konsistenz hat. Etwas Butter und Parmesan untermischen, eine Spur Pfeffer aus der Mühle dazu und vor dem Servieren reichlich Trüffeln darüber hobeln. Wenn man keine frischen Trüffeln hat, kann man statt der Butter 2–3 Esslöffeln getrüffeltes Olivenöl untermischen.

Dieses Risotto geht auch sehr gut mit frischen Steinpilzen. In diesem Fall die Pilze mit Zwiebel und Sellerie anrösten, dann Reis dazu und alles weitere wie beschrieben.

Leber alla Cavour

Eine Hand voll Geflügel- und Kaninchenleber mit zwei klein gehackten Schalotten in Butter anbraten, mit Marsala und weißem Rum ablöschen und noch etwas dünsten. Mit schwarzem Pfeffer aus der Mühle abschmecken und mit Trüffelspänen krönen. Dazu Reis oder Weißbrot und evtl. Salat mit getrüffeltem Olivenöl servieren.

Kalbsschnitzel mit Pilzen und Trüffelöl

4 Kalbsschnitzel und 400 g Champignons (oder Steinpilze) in getrennten Pfannen in Butter braten. Dann die Pilze über die Schnitzel streuen und mit 1 Esslöffel Milch und 2–3 Esslöffel Trüffelöl übergießen. Kurz ziehen lassen und, wenn vorhanden, frische Trüffeln darüber hobeln.

Dazu passt Reis oder Weißbrot.

REISEVORSCHLÄGE

Turin

Turin ist vielleicht die widersprüchlichste Stadt Italiens: einerseits die barockste Stadt, andererseits die modernste Stadt; einerseits die Stadt, die immer noch stark den absolutistisch-feudalen Geist der *Savoyer-Dynastie* *(Näheres zur Dynastie der Savoyer -> S. 22)* atmet, andererseits das italienische Detroit, das während des ganzen 20. Jahrhunderts vom Denken des bürgerlichen Liberalismus und der Arbeiterbewegung geprägt und dessen Lebensrhythmus durch die *FIAT-Werke* *(Mehr zu den Fiat-Werken -> S. 47 u. F.)* vom Rhythmus der Industrieproduktion bestimmt wurde.

Dieser Widerspruch im historischen Geist der Stadt wird ergänzt durch einen ebenfalls nicht uninteressanten Widerspruch in der Architektur, der zwischen dem **geometrischen Grundriss** mit seinen **schachbrettartigen**, **von den Römern vorgegebenen Straßenzügen** und den Barockgebäuden besteht, die mit ihren ausufernden, üppigen Formen jeder rechtwinkeligen Geometrie abhold sind.

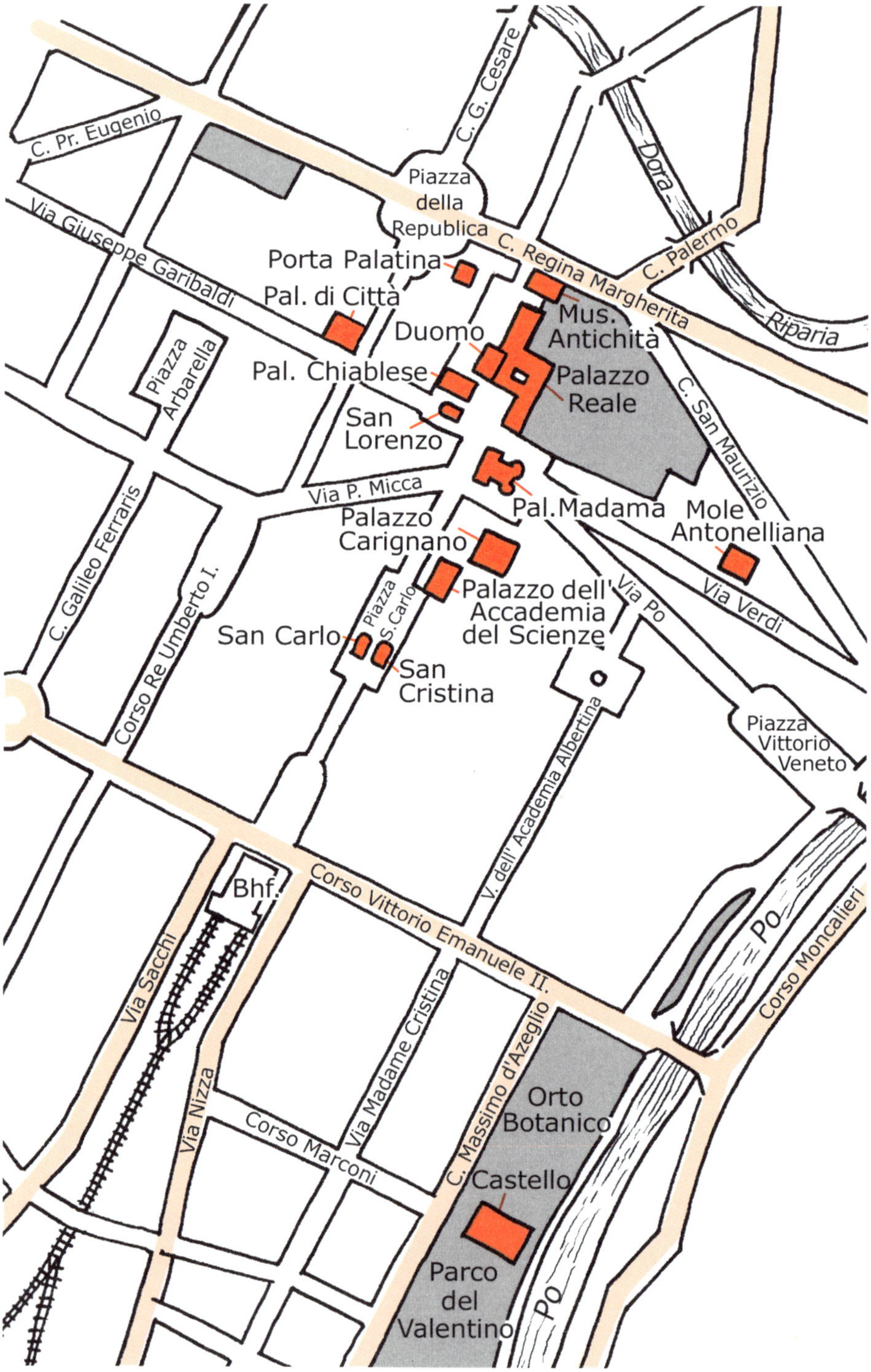
C. Pr. Eugenio
C. G. Cesare
Dora
Piazza della Repubblica
C. Palermo
Via Giuseppe Garibaldi
Porta Palatina
C. Regina Margherita
Pal. di Città
Mus. Antichità
Riparia
Duomo
Piazza Arbarella
Pal. Chiablese
Palazzo Reale
C. San Maurizio
San Lorenzo
Via P. Micca
Pal.Madama
Mole Antonelliana
Palazzo Carignano
C. Galileo Ferraris
Corso Re Umberto I.
Piazza S.Carlo
Palazzo dell' Accademia del Scienze
Via Po
Via Verdi
San Carlo
San Cristina
V. dell' Academia Albertina
Piazza Vittorio Veneto
Bhf.
Corso Vittorio Emanuele II.
Po
Corso Moncalieri
Via Sacchi
Via Madame Cristina
C. Massimo d'Azeglio
Orto Botanico
Via Nizza
Corso Marconi
Castello
Parco del Valentino
Po

Man könnte die Stadt in ihrem rechtwinkeligen Grundriss durchaus mit Manhattan verwechseln, würde man die Barockgebäude durch moderne Wolkenkratzer ersetzen.

Der Name ***Torino*** bedeutet ***«kleiner Stier»*** und geht auf die ligurisch-keltischen Tauriner zurück, deren Wappentier der *Toro* (Stier) war und die hier in der Jungsteinzeit die erste Siedlung gründeten. Das Stier-Emblem ist daher auch überall in Turin zu finden, es ziert alles Mögliche (zum Beispiel Brunnen, Markisen, Kaffeetassen, Fliesen) und manche Geschäfte verwenden es als Logo.

Das ganze Mittelalter hindurch war Turin eine ziemlich unbedeutende Siedlung. Es war zwar auch Stadtrepublik wie Asti und Alba, aber eine von den weniger wichtigen. Der Aufstieg der Stadt zum Zentrum des Piemont begann 1563, als das Geschlecht der Savoyer seinen Sitz von Chambéry nach Turin verlegte und sich hier im 17. und 18. Jahrhundert eine prächtige Barockresidenz schuf, die bis heute fast unverändert erhalten geblieben ist. Nach der Gründung von FIAT 1899 wurde Turin schnell zur Millionenstadt, wobei das barocke Zentrum baulich kaum angetastet wurde. Es ist faszinierend, wie sich das moderne Leben einer Industriemetropole in der kaum veränderten Architektur der barocken Residenzstadt eingerichtet hat.

Bei der folgenden **Besichtigungstour** können wir nur die wichtigsten Sehenswürdigkeiten erwähnen, da eine auch nur einigermaßen ausführliche Beschreibung den Rahmen dieses Buches sprengen würde. Diejenigen, die sich Turin etwas ausführlicher zu Gemüte führen wollen – was sehr zu empfehlen ist –, bitten wir daher, sich in einem Turin-Reiseführer zu informieren.

Wenn man einen Eindruck vom fürstlichen Prunk bekommen will, mit dem die Savoyer ihre Residenz ausstatteten, sollte man den **Palazzo Reale** (Königspalast) an der **Piazza Castello** besuchen, dessen Bau 1645 von der Regentin Cristina in Auftrag gegeben und nach Plänen von Amedeo di Castellamonte in knapp hundertjähriger Bauzeit fertig gestellt wurde. In der Mitte der Piazza Castello steht der **Palazzo Madama**, das geschichtsträchtigste Bauwerk der ganzen Stadt. Er wurde im 13. Jahrhundert auf den Resten der einst hier verlaufenden römischen Stadtmauer als finstere Zwingburg für die Stadt erbaut und im 17. Jahrhundert mit einer prächtigen Barockfassade versehen. Besonders eindrucksvoll ist das Treppenhaus, das vom genialen Barockarchitekten Filippo Juvarra gestaltet wurde und einen Höhepunkt barocker Prunkarchitektur darstellt; es wurde 2001 nach 13 Jahren umfassender Renovierung wieder zur allgemeinen Besichtigung freigegeben. Von der Piazza Castello kommt man über die **Via Roma,** eine der vielen Prachtstraßen Turins, zur **Piazza San Carlo,** zu einem der schönsten Barockplätze Italiens.

Von der Piazza San Carlo kann man den Weg zurück zur Piazza Castello über die **Piazza Carignano** nehmen und den Palazzo Carignano besichtigen, den bedeutendsten Profanbau des Barockarchitekten

Guarino Guarini. In den Sälen des Palazzo, wo ab 1860 auch der Sitz des ersten italienischen Parlaments war, dokumentiert ein umfangreiches **Museo del Risorgimento** die Einigung Italiens in zahlreichen zeitgenössischen Dokumenten. Gleich gegenüber der geschwungenen Fassade des Palastes befindet sich das legendäre Ristorante del Cambio, das allerfeinste Küche bietet und mit seinen üppigen Lüstern und geschnitzten Wandverkleidungen das Lieblingslokal der ersten italienischen Parlamentarier war. Zurück an der Piazza Castello sollte man vielleicht noch die **Galleria Subalpina** besichtigen, eine Einkaufspassage aus dem 19. Jahrhundert, in der sich unter anderem das kostbar eingerichtete *Cafè Baratti-Milano* befindet. In diesem Café gibt es die bekannten *Giandujotti* (Nougat-Nuss-Pralinen). Eine weitere Einkaufspassage aus dem 19. Jahrhundert, die **Galleria Umberto I.**, befindet sich auf der Piazza della Repubblica.

Von den 149 breiten Boulevards und Alleen sei neben der Via Roma noch die **Via Po** erwähnt, die mit ihren breiten und schier endlosen Arkadengängen, in denen sich viele Geschäfte und Cafés befinden, von der Piazza Castello in Richtung Po zur Piazza Vittorio Veneto führt. Man sieht nach kurzem linker Hand die alte Universität und sollte nicht versäumen, gleich danach links in die Via Montebello einzubiegen, die zur **Mole Antonelliana**, dem Wahrzeichen Turins, führt. Mole bezeichnet im Italienischen ein gewaltiges Bauwerk, und das ist der unübersehbare Kuppelbau mit der hoch ragenden Spitze zweifellos.

Dieser grandiose Aussichtsturm, der nur aus Steinen und Ziegeln erbaut wurde, war mit seinen 167 Metern einmal das höchste Bauwerk der Welt und hat eine kuriose **Baugeschichte**:

1861 wollte die israelitische Gemeinde von Turin eine neue Synagoge errichten und vergab den Auftrag an Alessandro Antonelli, der hinter dem Rücken der Auftraggeber die Dimensionen des ursprünglich vorgelegten Entwurfes enorm erweiterte. Als die Auftraggeber dessen gewahr wurden, ließen sie den bereits gewaltig angewachsenen Bau stoppen und durch eine technische Kommission überprüfen. Ein Gutachterstreit brachte keine Sicherheit und die jüdische Gemeinde, deren finanzielle Mittel ohnehin bereits weitgehend erschöpft waren, trat den Bau vorsichtshalber an die Stadt Turin ab. Außerdem hatte ein Großteil der Gemeindemitglieder Turin verlassen, nachdem die Hauptstadt des vereinten Italien von Turin nach Rom verlegt worden war. Die Stadt wusste nicht recht, was sie mit dem begonnenen Bau anfangen sollte, und ließ – nach langen Diskussionen in den Leitartikeln der lokalen Zeitungen – Antonelli 1878 schließlich weiterbauen. Dieser fuhr damit fort, ständig unter der Hand und gegen alle Genehmigungen die Ausmaße des Baus zu vergrößern. Noch als 88-Jähriger erhöhte er eigenmächtig die Giebel des Gebäudes und hatte 1888, als er starb, den gewaltigen Kuppelbau endlich vollendet.

Vielleicht arbeitete er ja auch deshalb so besessen an seinem Lebenswerk, weil er ein Abbild der schier endlos sich hinziehenden Hügelkuppen des Monferrato und der Langhe gewissermaßen in architektonischer Vollkommenheit mitten in Turin errichten wollte. Wie auch immer, das Gebäude wurde zum Wahrzeichen Turins, stürzte 1953 ein und wurde zum 100. Jahrestag des Baubeginns wiedererrichtet, diesmal mit einem Stahlkern. Es beherbergt heute das ***Museo del Cinema*** (Kinomuseum), eine sehenswerte Sammlung zur Geschichte des Films mit vielen Kuriositäten und einer berühmten Sammlung von Originalplakaten. Man kann mit einem Lift durch den ungeheuren Hohlraum der Kuppelschale hinauffahren bis zum doppelgeschoßigen ***Tempietto*** (Tempelchen), der der Kuppel aufgesetzt wurde und in dieser Höhe gewissermaßen die Basis für den noch hoch hinauf ragenden Dorn bildet.

Der eindrucksvolle **Palazzo Barolo** in der Via delle Orfane 7 stellt eine direkte Verbindung zum gleichnamigen Wein her. 1692 an der Stelle eines früheren Palastes erbaut, kam der Palzzo Barolo Anfang des 18. Jahrhunderts durch Heirat in den Besitz der Marchesi di Barolo aus den Langhe. Die Letzte des Geschlechts derer von Barolo, das 1864 ausstarb, war Marchesa Giulia Colbert Falletti, eine gebildete und sozial engagierte Dame. Sie kümmerte sich nicht nur um ihre *Weingüter in den Langhe* *(Mehr zu dem Schloß in Barolo -> S. 155)*, sondern auch um die Ausbildung *«gefallener Mädchen»* und ihrer Kinder, für die sie in ihrem Palazzo in Turin und auch anderswo Web- und Stickstuben einrichtete. Das gesamte Vermögen der Familie inklusive der Besitzungen in den Langhe vermachte sie der von ihr gegründeten wohltätigen Stiftung namens Opera Pia Barolo, der der Palazzo heute noch gehört. Der Palazzo Barolo ist außer den Residenzen der Savoyer der einzige Turiner Adelspalast, dessen Innenräume zu besichtigen sind. Besonders eindrucksvoll sind das Treppenhaus, der zentrale Festsaal und der anschließende Spiegelsaal mit Fresken und vergoldetem Stuck.

Turin ist unter anderem die *Stadt der Cafés* *(Details zu den Cafés und Restaurants -> S. 234 u. F.)*, von denen es um 1850 angeblich schon 200 gegeben haben soll. Der Kaffee ist überall gut, unterschiedlich ist nur das Ambiente, von prunkvoll bis einfach. Manche Plätze sind von erlesener Schönheit, wie etwa das winzige, holzgetäfelte, 1763 eröffnete *Al Bicerin,* wo es die Spezialität ***Il Bicerin*** (halb Kaffee, halb Kakao) gibt, das schon erwähnte Baratti-Milano in der Einkaufsgalerie Subalpina oder das seit 1780 bestehende Fiorio, ein Treffpunkt für Künstler und Intellektuelle, in dem auch Nietzsche zu Gast war und wo es das beste Eis Turins gibt. Wer sehen will, wo der piemontesische Beamtenadel seine Mittagspausen verbrachte, sollte das prunkvolle Cafè San Carlo besuchen, das 1842 eröffnet wurde.

An ausgezeichneten Restaurants ist in Turin ebenfalls kein Mangel. Hier sei neben dem bereits erwähnten Del Cambio noch das Tre Galline genannt, ein 300 Jahre altes Lokal mit Piemonteser Spezialitäten.

Lohnenswert ist auch ein Ausflug in die Umgebung Turins, wo prächtige Lust- und Jagdschlösser der Savoyer stehen. Noch während Turin im Bau war, wurden im 17. Jahrhundert die zentralen Straßenachsen als großzügige Alleen in die Landschaft hinaus verlängert, wo man die Stadt mit einer Art Kranz von prunkvollen **Schlössern** umgab, von denen Stupinigi, Rivoli und Venaria die schönsten sind.

Asti

Asti ist in der Welt vor allem durch den Asti Spumante bekannt, einen zuckrigen Schaumwein von meist minderer Qualität, der zwar nicht in Asti selbst, aber in seiner Umgebung, besonders im Städtchen Canelli südlich von Asti, in riesigen Mengen hergestellt wird. Die Massenproduktion von Billigsekt hat sich allerdings in den letzten zehn Jahren sehr stark in Richtung qualitätsorientierter Produktion verändert *(Mehr zum Asti Spumante -> S. 79)*.

Weniger bekannt ist, dass Asti im Mittelalter die mächtigste Stadtrepublik des heutigen Piemont war und beinahe zur dominierenden Macht der gesamten Region aufgestiegen wäre. Es war damals wie heute das geografische und wirtschaftliche Zentrum, aber nie die Hauptstadt des Monferrato, das im Mittelalter eine Markgrafschaft war. Diese Tatsache zeigt exemplarisch die politischen Machtverhältnisse im mittelalterlichen Piemont, die von einer Frontstellung der von mächtigen Handelsfamilien dominierten Stadtrepubliken einerseits und der vom feudalen Landadel dominierten Markgrafschaften andererseits gekennzeichnet waren, die das ganze Mittelalter hindurch um die politische Vorherrschaft kämpften. Nicht das wirtschaftliche Zentrum Asti wurde wegen dieser Gegnerschaft zur politischen Hauptstadt der Markgrafschaft Monferrato, sondern das am äußersten Rande der Region gelegene

Casale, das nie eine Stadtrepublik war.

Asti wurde von den Römern unter dem Namen **Hasta** gegründet und war für sie vor allem ein militärischer Stützpunkt auf dem Weg nach Gallien und Germanien. Wie die meisten Städte im Piemont wurde es in der Zeit der Völkerwanderung verwüstet, von den Langobarden und Franken im 7. und 8. Jahrhundert wieder aufgebaut und im 10. Jahrhundert von den Sarazenen völlig zerstört. Nach dem Abzug der Sarazenen richtete sich in den Ruinen bald ein Bischof ein, der durch die ottonische Kirchenpolitik mit großen Machtbefugnissen ausgestattet wurde und für fast 100 Jahre Herrscher über Asti war.

Das änderte sich im Jahre 1091, als die erstarkenden Markgrafen von Monferrato im Konflikt mit dem Bischof die Kontrolle des Tanaro-Tals anstrebten und die Stadt besetzten. Der daraufhin ausbrechende Volksaufstand zwang den Markgrafen wieder zum Abzug. Die Bürger, die sich selbst befreit hatten, dachten aber nicht daran, dem Bischof die alte Machtstellung zurückzugeben, sondern nahmen nun das Heft selbst in die Hand. Damit begann der Aufstieg zur mächtigsten Stadtrepublik des Piemont.

Während der mittelalterlichen Glanzzeit wurden in Asti großartige Kirchen und imposante Palazzi errichtet. Vor allem am **Corso Alfieri**, nach wie vor die Hauptstraße, und an der **Piazza San Secondo** errichteten die reichen Familien ihre Paläste und *Torri*, die so genannten **Geschlechtertürme**, von denen aus sich die auf ihre Vorteile bedachten Patrizier bekämpften. Es waren vor allem die guelfischen (päpstlichen) Solaro und die ghibellinischen (kaiserlichen) De Castello, die sich mit ihren Privatarmeen bis aufs Messer bekämpften und zeitweise ein Terrorregime in der Stadt errichteten. Anfang des 14. Jahrhunderts nahmen die Kämpfe dieser beiden Familien derartige Ausmaße an, dass sie die Stadt an den Rand des Ruins brachten. 1342 waren die Bürger der Selbstzerstörung müde und der Stadtrat von Asti fasste den Entschluss, sich dem Schutz der Visconti von Mailand anzuvertrauen, das im Mittelalter die größte Territorialmacht Nordwestitaliens war. Zum Dank für die Befreiung von dem zerstörerischen Terrorregime stifteten die Bürger von Asti das gotische Kirchlein **Santa Maria di Viatosto,** das fünf Kilometer nördlich in den Weinbergen liegt und einen Ausflug wert ist.

Die größte Rivalin Astis war die benachbarte Stadt Alba, mit der es um die Vorherrschaft im Tanaro-Tal kämpfte und das es 1259 schließlich eroberte. Aus dieser Zeit stammt eine Rivalität zwischen den beiden Städten, die es in sich hat und die bis heute andauert. Nach der Eroberung Albas war Asti am Höhepunkt seiner Macht, die es aber nicht festigen konnte. Kurze Zeit später besiegte der in Italien einmarschierende französische Herzog von Anjou Asti in einer Schlacht, womit der Niedergang der Stadtrepublik eingeleitet wurde, die nach den selbstzerstörerischen Kämpfen der mächtigen Stadtfamilien schließlich 1342 in den politischen Einflussbereich der Stadt Mailand und später des französischen Königs gelangte. 1529 wurde es vom Habsburger Kaiser Karl V. erobert und gelangte über dessen Schwägerin in den Besitz der Savoyer, unter deren zentralistischer Politik Asti zur Provinzstadt herabsank. Vor allem im 18. Jahrhundert wurden fast alle Türme geschleift und neue Plätze angelegt.

Heute ist Asti mit seinen 73.000 Einwohnern eine lebendige Stadt, die sich viel von ihrem mittelalterlichen Charme bewahrt hat. Die historischen Viertel mit den mittelalterlichen Bauten, den engen Gassen und stillen Winkeln erstrecken sich von der dreieckigen **Piazza Alfieri** Richtung Westen entlang des **Corso Alfieri,** an dem man stilvolle Cafés und viele Läden mit schönen Auslagen findet. Überall im Viertel der reichen Patrizierfamilien *(Recinto dei Nobili)* findet man mittelalterliche Paläste, die vor allem durch die Terrakotta-Friese auffallen, und Geschlechtertürme, von denen es im 13. Jahrhundert mehr als 100 in der Stadt gab.

Wenn man von der Piazza Alfieri am Corso Alfieri Richtung Westen geht, führt die zweite Straße links zur **Piazza San Secondo,** zum alten Marktplatz von Asti mit der gleichnamigen Kirche und dem Rathaus, den beiden Gebäuden, die die einstige Macht des Bischofs und der Handelsfamilien architektonisch repräsentieren. Weiter auf dem Corso Alfieri gelangt man zur Piazza Roma, die vom eindrucksvollen **Torre dei Comentini** überragt wird. An der Abzweigung zur Via S. Martino befindet sich der **Torre dei Crivelli** und gegenüber der **Palazzo Mazzetti di Frinco,** der 1730 barock umgestaltet wurde und eine Pinakothek mit piemontesischer Malerei beherbergt. Gegenüber der Schule, am Beginn der Via Roero, steht der **Torre de Regibus**, der einzige erhaltene achteckige Geschlechterturm. Gleich nachher zweigt man vom Corso Alfieri nach rechts ab und erreicht nach kurzem die imposante Kathedrale **Santissima Maria Assunta e Gottardo,** die in ihrer heutigen Form 1309–1354 erbaut wurde. Die Kathedrale besitzt zwei Schaufassaden: die leicht gestufte Westseite und die dem Domplatz zugewandte Südfront. Im Inneren beeindrucken vor allem die hochragenden gotischen Kirchenschiffe und die im 18. Jahrhundert hinzugefügten Rokokofresken, die von den einen als geniale Ergänzung, von anderen als Verschandelung bezeichnet werden, auf jeden Fall aber sehenswert sind. Für den Rückweg zur Piazza Alfieri empfiehlt sich die Via Carducci, die durch ein schönes mittelalterliches Viertel führt.

Der Monat **September** ist in Asti die Zeit der *Feste (Näheres zu den Veranstaltungen -> S. 197),* zu denen die Bevölkerung der näheren und weiteren Umgebung in die Stadt kommt. Am Beginn findet zehn Tage lang das große Weinfest **Douja d'Or** (Goldener Becher) statt. Dieses Fest wird am zweiten Sonntag mit dem **Festival delle Sagre** (Kirchweihfest) abgeschlossen. Am dritten Sonntag schließlich findet der traditionelle **Palio d'Asti** statt.

Alba

Alba ist seit der Antike das Zentrum der Langhe und gilt als Hauptstadt des Weins und der Trüffel. Es war schon in der Jungsteinzeit ein ligurisches Dorf und zur Zeit der Römer als Alba Pompeja bereits eine wohlhabende Stadt. Alba wurde nach dem Ende des Römischen Reiches von der Völkerwanderung verwüstet, von den Langobarden und Franken im 7. und 8. Jahrhundert wieder aufgebaut und von den Ungarn und Sarazenen im 10. Jahrhundert neuerlich zerstört. Danach wurde Alba Bischofssitz und ab dem 12. Jahrhundert folgte der Aufstieg zur Stadtrepublik, geprägt durch die Herrschaft großer Familien, die durch Handel reich geworden waren. In dieser Zeit wurde die Umgebung erschlossen, wurden neue Dörfer besiedelt und die ersten Weinstöcke gepflanzt. Die großen Handelsfamilien bauten sich zahlreiche Stadtpaläste mit danebenstehenden Türmen, den Geschlechtertürmen, die es in den meisten oberitalienischen Städten gab und die in Alba bis heute zu sehen sind.

Das brachte der Stadt auch den Namen **Stadt der hundert Türme** *(Cittá delle cento Torri)* ein. Die Türme dienten zur Beobachtung des Geschehens diesseits und jenseits der Stadtmauern und hatten in den nicht selten mit Waffengewalt ausgetragenen Auseinandersetzungen zwischen den mächtigen Stadtfamilien auch militärische Funktion.

Alba - Stadtüberblick

Insgesamt gab es zwei Perioden in der **Geschichte** der Stadt, die man als Glanzzeiten bezeichnen kann: die Römerzeit und die Zeit als Stadtrepublik im Mittelalter.

Die größte Rivalin war die benachbarte Stadtrepublik Asti, der Alba nach vielen Kämpfen 1259 schließlich unterlag; die *Rivalität (von der Folge der Rivalität, dem Eselpalio -> S. 194)* zwischen den beiden Nachbarstädten hält bis zum heutigen Tage an. 1369 kam Alba zur Markgrafschaft Monferrato, wurde dann von den Spaniern aus Mailand besetzt, geriet unter die Herrschaft der Gonzaga aus Mantua und deren französischer Nebenlinie und wurde 1628 endgültig von den Savoyern erobert, nachdem es vorher dreimal von ihnen überfallen worden war. In der weiteren Folge teilte es die Geschichte des savoyischen Staates.

Nach dem Zweiten Weltkrieg siedelten sich hier internationale Konzerne wie Ferrero (Schokolade), Miroglio (Textilien), San Paolo (Grafiken) und Mondo Rubber (Gummiwaren) an, die einen wirtschaftlichen Aufschwung brachten. Am bekanntesten ist die Stadt aber für die großartigen Weine, die weißen Trüffeln und die hervorragende Küche. Das brachte auch den Gourmet- und Weintourismus in die Stadt, der sich aber nur zur Trüffelsaison im Oktober und November deutlich verdichtet. Ansonsten macht Alba den Eindruck eines beschaulichen Landstädtchens mit historischem Stadtkern, das keinen Touristen in Bedrängnis bringt, außer wenn er sehr kalorienbewusst ist und nicht mehr an den vielen verführerischen *«Kalorienbomben»* der kleinen Geschäfte und Restaurants vorbeigehen kann.

Das historische Zentrum von Alba, die **Piazza Risorgimento,** hieß früher *Piazza del Duomo* (Domplatz) und war einst das römische Forum. Der Platz wird dominiert vom Dom **San Lorenzo**, einem mittelalterlichen Bau mit gotischen Formen, der – um 1500 errichtet – im Laufe der Jahrhunderte mehrmals umgebaut wurde und ein Sammelsurium verschiedener Bauepochen darstellt. Vom ursprünglichen Bau sind nur mehr die drei Portale vollständig erhalten, die Fassade wurde als letzter Bauteil 1868 errichtet.

Wenn man über den Platz auf den Dom blickt, befindet sich linker Hand der **Palazzo Comunale**, der im

12. Jahrhundert auf römischen Grundmauern errichtet wurde und Regierungssitz der damaligen Stadtrepublik war. Er wurde ebenfalls unzählige Male umgebaut und dient heute als Rathaus. An der Freitreppe, die sich unter den Arkaden erhebt, befinden sich gotische Fresken aus dem 14. und 15. Jahrhundert.

Alba - Palazzo Comunale mit Dom San Lorenzo

Vom *Cafè Calissano (Informationen zum Cáfe -> S. 191)*, einem schönen Lokal mit antiken Spiegeln und vergoldeten Stuckverzierungen aus dem 19. Jahrhundert, hat man einen schönen Blick auf den Dom und kann alle Weine der Region glasweise genießen.

Wenn man auf der gegenüberliegenden Seite des Doms die **Via Cavour** stadtauswärts geht, kann man neben der **Loggia dei Mercanti** (Nr. 10), dem Versammlungsgebäude der Händler zur Zeit der Stadtrepublik, und dem gotischen Bau der **Casaforte Riva** (Nr. 13) noch mehrere mittelalterliche Stadtpaläste reicher Handelsfamilien entdecken, die vor allem durch die dekorativen Terrakotta-Friese auffallen. In dieser Straße stehen auch noch mehrere der großen Geschlechtertürme in voller Höhe, während man bei anderen, die mit einem Schild *«Torre abbassata» («niedriger gemachter Turm»)* gekennzeichnet sind, den oberen Teil abgetragen hat.

Gegenüber dem Rathaus gelangt man in die **Via Vittorio Emanuele II.,** auch *Via Maestra* genannt, welche die gesamte Altstadt durchläuft. Hier befinden sich ebenfalls mehrere mittelalterliche Palazzi, von denen vor allem die **Casa Fontana** auf der Nr. 11 zu nennen ist, an deren Fassade sich ein Terrakotta-Fries aus Blumengirlanden, Musikanten, tanzenden Hofdamen und galanten Herren befindet. Darüber hinaus sind noch der **Palazzo Serralunga** (an der Kreuzung mit der Via Belli) und der **Palazzo der Grafen Belli** erwähnenswert.

Alba - Torre und Campanile

Die Via Maestra ist vor allem auch bekannt für die hervorragenden *Trüffel- und Feinkostläden (zu den Einkaufsmöglichkeiten -> S. 192)*. Wenn man Gelegenheit hat, sollte man nicht versäumen, am Samstagvormittag den Markt zu besuchen, der sich über die gesamte Via Maestra, den Domplatz, die Via Cavour und noch darüber hinaus ausbreitet und auf dem es neben Textilien und Haushaltsgeräten vor allem jede Menge kulinarischer Spezialitäten gibt.

In einer Passage der Via Maestra, dem **Cortile della Maddalena**, findet von Mitte September bis Dezember auch der Trüffelmarkt statt, von dem man sich aber nicht allzu viel erwarten sollte, weil die frisch geernteten Trüffel nicht dekorativ zur Schau gestellt, sondern meist heimlich gehandelt werden.

Alba - Arkaden

An den ersten drei Sonntagen im Oktober wird in Alba gefeiert. Am ersten Sonntag wird der *Palio degli Asini* (Eselspalio) veranstaltet. Am zweiten und dritten Sonntag findet die Trüffelmesse *(Fiera Nazionale del Tartufo d'Alba)* statt, bei der sich alles um die weißen Knollen dreht und die mit vielen kulturellen und literarischen Veranstaltungen einhergeht. Wer den massiven Besucherandrang nicht scheut, der sollte an einem dieser drei Sonntage nach Alba reisen. Wer es lieber etwas ruhiger hat und trotzdem zur Trüffelsaison in Alba sein möchte, dem sei eher Ende September oder November als Reisezeit empfohlen *(Mehr zu den Festen in Alba -> S. 194)*.

Touren durch die Weingebiete der Langhe und des Monferrato

Durch die folgenden Tourenvorschläge gewinnen Sie einen guten Überblick über die Schönheiten des Piemont. Wie viel Zeit Sie für die einzelnen Fahrten einplanen, ist natürlich Ihnen überlassen.

Die **Tour 2** ist durchaus an **einem Tag** zu bewältigen, an den **Touren 1** und **3** haben Sie aber wohl in **zwei Tagen** mehr Freude. Auch führen manche Streckenabschnitte über enge Straßen, die ein gemäßigtes Fahrtempo erfordern.

Noch ein Tipp zu den Besichtigungen: Sie können sie sicher in festen Schuhen eher genießen, da sie teilweise auch über Kopfsteinpflaster oder schottrige Wegstücke führen.

Tour 1:
Von Alba durch das Barolo-Gebiet

*Die Tour führt zunächst von **Alba** über **Diano d'Alba** nach **Grinzane Cavour, Serralunga d'Alba** und **Monforte d'Alba**. Nach einem Abstecher nach **Castiglione Falletto** geht es von **Monforte** weiter über **Novello** nach **Barolo** und **La Morra**, von wo man zurück nach **Alba** fährt.*

*Insgesamt ist eine Strecke von zirka **70 Kilometern** zu bewältigen.*

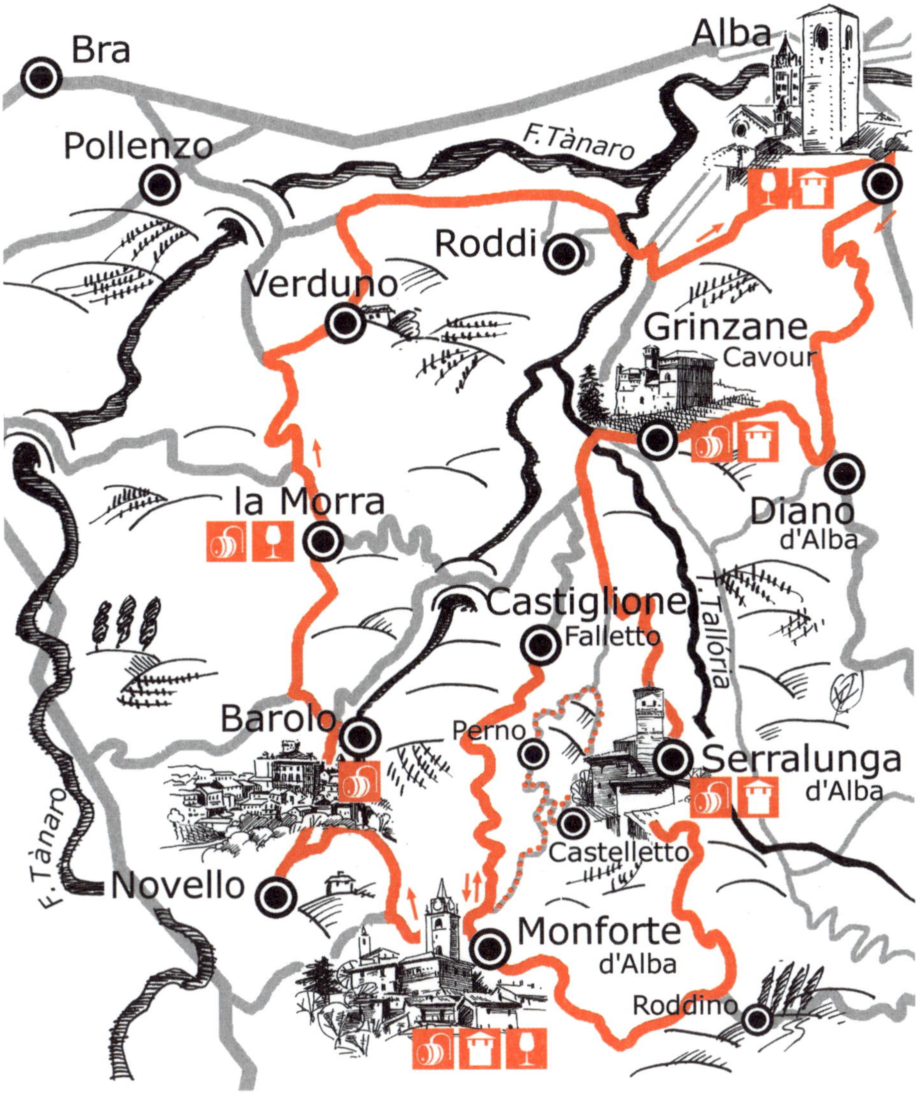

Restaurants *Weinkellereien* *Sehenswürdigkeiten*

Man verlässt Alba auf dem Corso Enotria und biegt dann Richtung Südwesten auf die Straße, die in vielen Kehren nach **Diano d'Alba** hinaufführt, wo vor allem der beliebte *«Alltagswein»* Dolcetto gekeltert wird. Es lohnt die Mühe, zu Fuß auf das Belvedere, einen Felsen oberhalb des Ortes, hinaufzusteigen, wo sich ein wunderbares Panorama eröffnet. Im Westen liegt das Barolo-Gebiet vor dem Hintergrund der Westalpen, Richtung Norden schließen die Hügel des Roero an und im Vordergrund befindet sich Alba mit den charakteristischen romanischen Geschlechtertürmen. Weiter im Uhrzeigersinn liegen die Hügel des Barbaresco-Gebiets und Richtung Osten die letzten Ausläufer der kahlen Hügellandschaft der Alta Langa, die im Süden liegt.

Diano d'Alba - Belvedere

Von Diano fährt man zurück Richtung Alba und biegt kurz nach dem Ortsausgang links nach **Grinzane Cavour** ab. Der Name des Ortes erinnert an Camillo Cavour, der hier siebzehn Jahre lang (1832–1849) Bürgermeister war, bevor er als Ministerpräsident von Sardinien-Piemont zum *«Architekten»* der Einigung Italiens und zu einer der wichtigsten politischen Figuren des *Risorgimento (Näheres zu diesen Ereignissen -> S. 39 u. F.)* wurde.

Grinzane Cavour - Gedenktafel C. Cavour

Er besaß in Grinzane 500 Piemonteser Tagwerk (ca. 200 ha) Land und widmete sich mit großem Engagement seinen Weingütern, die er nach dem Stand der Zeit modernisierte. Seine Bewunderung für die Weine aus Burgund und Bordeaux führte dazu, dass er den französischen Kellermeister Louis Oudart holte, der aus der Nebbiolo-Rebe den ersten trockenen Rotwein kelterte, der dann unter dem Namen Barolo berühmt wurde.

Die **Burg von Grinzane** stammt aus dem 12. Jahrhundert und ist ein herausragendes Beispiel mittelalterlicher Architektur in den Langhe.

Grinzane Cavour - Castello

Sie wurde zum Schutz der Stadt Alba erbaut und wechselte mehrmals den Besitzer, bevor sie 1818 vom Vater Camillo Cavours erworben und von ihm selbst zu einem Produktionszentrum für Wein aus Alba gemacht wurde. Camillo Cavour wohnte auch in der Burg, seine restaurierten Wohnräume im oberen Stockwerk sind heute zu besichtigen. Um die Tradition von Cavour und sein Engagement für die Weinwirtschaft zu pflegen, wurde der *Ordine dei Cavalieri del Tartufo e dei Vini d'Alba* (Ritterorden der Trüffel und des Weins aus Alba) gegründet, der in der Burg seinen Sitz und die Förderung des Weinbaus und der heimischen Gastronomie zum Ziel hat. Im Erdgeschoß befindet sich die *Enoteca Regionale* (Regionalvinothek) mit einer großen Palette an Weinen und Grappe aus der Gegend, deren Qualität vom Ritterorden kontrolliert wird. Der Orden präsentiert in dieser Vinothek jedes Jahr eine Selektion der besten Weine aus den Langhe. Im ersten Stock befindet sich das *Ristorante Castello* *(Genaueres zur Enoteca Regionale und zum Restaurant -> S. 212/213)*.

Von Grinzane fährt man nach Gallo, dann links Richtung Barolo und an der ersten Abzweigung wieder links nach Serralunga d'Alba. Auf dem Weg dorthin liegt linker Hand die **Kellerei Fontanafredda**, die 1878 von Emanuele di Mirafiori, dem Sohn von König Vittorio Emanuele II., errichtet wurde. Hier lebte auch Bela Rosin, die schöne Rosa, eine Frau aus dem Volk, mit der Vittorio Emanuele II. eine berühmte Affäre hatte, die er dann zur Gräfin von Mirafiori machte und mit der er eine unstandesgemäße Ehe einging. Bei der Annäherung an **Serralunga d'Alba** beeindruckt das hoch aufragende *Kastell (Besichtigungsmöglichkeiten -> S. 230)*, das 1340 von Pietro Falletti als Wehrburg erbaut wurde, sehr gut erhalten ist und auch besichtigt werden kann. Serralunga ist einer der schönsten Orte des Barolo-Gebietes mit einem bezaubernden historischen Stadtkern, dessen Gässchen in konzentrischen Ringen um die Burg verlaufen.

Serralunga d'Alba - Castello

Eine örtliche Spezialität ist der Barolo Chinato, der von einem Apotheker und Winzer namens Giuseppe Cappellano 1870 erstmals gebraut wurde. Es handelt sich dabei um Barolo, dem Alkohol und Zucker zugesetzt werden sowie eine Reihe von orientalischen Gewürzen, insbesondere Chinarinde. Er wird in der Regel als Digestif getrunken, von manchen aber auch als Stärkungsmittel und Arznei verwendet. Neben dem Betrieb von *Giuseppe Cappellano* sind noch die Weingüter von *Renato Massolino* und *Ettore Germano* interessant. Am dritten Sonntag im Juni findet das *Degustare per Vigne (Informationen zu den Weingütern und zum Degustare -> S. 230/231)* statt, ein Spaziergang durch die Weingärten, bei dem die großen Barolo-Weine mit örtlichen Spezialitäten am Ort ihres Ursprungs verkostet werden.

Von Serralunga fährt man Richtung Süden und zweigt kurz vor Roddino rechts nach **Monforte d'Alba** ab. Der Ort war schon von den Römern und Langobarden besiedelt und wurde nach der Entvölkerung des Piemont durch die Sarazenen und deren anschließender Vertreibung durch provenzalische Ritter im 10. Jahrhundert ziemlich bald wieder besiedelt. Das lag vor allem daran, dass er auf Grund seiner Lage auf einer der höchsten Hügelkuppen am Übergang zur Alta Langa nach Süden eine wichtige strategische Bedeutung hatte. Monforte diente der Stadtrepublik Alba in den sich über Jahrhunderte hinziehenden Auseinandersetzungen mit den Feudalherren der Region als vorgeschobener Verteidigungsposten.

Monforte d'Alba

Im 11. Jahrhundert waren die Einwohner von Monforte Katharer, Anhänger einer vor allem in Südfrankreich weit verbreiteten asketischen Glaubensgemeinschaft (dort auch Albigenser genannt), die das Verhältnis zu Gott als persönliche Angelegenheit betrachteten und die Amtskirche ablehnten, weswegen sie vom Papst als Ketzer verurteilt wurden. 1028 erschienen daher die Truppen des Mailänder Bischofs Ariberto d'Intimiano, der im fast entvölkerten Land nichts

Besseres zu tun hatte als nach Ketzern zu suchen. Die von der Gräfin Berta angeführten Katharer weigerten sich standhaft, ihrem Glauben abzuschwören und wurden schließlich auf der Piazza zusammengetrieben, nach Mailand deportiert und dort vor den Stadtmauern bei lebendigem Leibe verbrannt, an einer Stelle, die seit damals den Namen **Monforte** trägt und heute ein eigener Stadtteil ist.

Montforte d'Alba

Das Kastell der Gräfin Berta wurde in Brand gesteckt und zerstört, was das Ende der katharischen Bewegung im Piemont bedeutete. Diese Geschichte spielt auch eine Rolle in dem bekannten Buch von Umberto Eco, *«Der Name der Rose»*, in dem ein Ketzer namens Fra Dolcino vorkommt, der im Ort Monsfortis lebt (Mons fortis ist der ursprüngliche Name von Monforte).

Bevor man in die Spezialitätenrestaurants *Giardino da Felicin* oder *Trattoria della Posta* *(Näheres zu den Trattorien -> S. 219)* einkehrt, lohnt sich ein Spaziergang durch die verwinkelte Altstadt von Monforte. Am besten stellt man das Auto auf der Piazza Umberto I. ab und steigt durch die steil ansteigenden Gässchen zur alten Piazetta am höchsten Punkt des Ortes hinauf. Dort befindet sich mit zwei Kirchen und einem mächtigen Campanile, der von einer romanischen Kirche aus dem 13. Jahrhundert übrig geblieben ist, ein reizvolles architektonisches Ensemble, das sehr schön mit den umliegenden Landschaftsbildern harmoniert und von wo der Blick an klaren Tagen bis zum Monte-Rosa-Massiv reicht. Der Platz wird seit einigen Jahren auch als *Veranstaltungsort* *(über eine interessante Veranstaltung -> S. 222)* genutzt und hat vor allem abends eine unvergleichliche Atmosphäre.

Sehr empfehlenswert ist auch ein kleiner Abstecher zu den alten Dörfern **Perno** und **Castelletto** im Norden von Monforte, entweder mit dem Auto auf schmalen Straßen oder zu Fuß auf einem wunderschönen Rundwanderweg. Der Fußweg dauert je nach Geschwindigkeit 2–3 Stunden und führt abseits der

Hauptverkehrsstraßen durch Eichenwälder und Weinberge. Besonders zur Erntezeit im Herbst bekommt man durch die Weinberge, die Kastelle Serralunga d'Alba und Castiglione Falletto und die romanische Kapelle Santo Stefano in Perno einen vortrefflichen Eindruck von dem, was für die Langhe typisch ist. Für besonders Wanderfreudige sei noch erwähnt, dass in der Nähe von Castelletto ein weiterer Wanderweg nach Serralunga abzweigt. Obwohl Monforte mit 600 Metern über dem Meer die höchst gelegene Gemeinde im Barolo-Gebiet ist, gibt es hier eine breit gefächerte Anzahl an Spitzenbetrieben sowohl traditioneller als auch moderner Stilrichtung, die in ihren Weinkellern gerne Besucher empfangen.

Weinfässer

Unter den traditionell orientierten Winzern ist allen voran *Aldo Conterno* zu nennen, der sich nach einem Familienzwist in den 1950er Jahren von seinem Bruder Giovanni trennte, nach Kalifornien ging und nach der Teilnahme am Koreakrieg wieder in die Heimat zurückkehrte. Er wurde zu einer der angesehensten Persönlichkeiten unter den Barolo-Winzern. Sein älterer Bruder Giovanni Conterno, der den Betrieb *Giacomo Conterno* leitet, und *Giuseppe Mascarello* sind ebenfalls hoch angesehene Barolisti traditioneller Prägung.

Die jungen, experimentierfreudigen Winzer sind hier jedoch ebenso stark vertreten, so zum Beispiel *Conterno-Fantino, Domenico Clerico, Armando Parusso* und *Elio Grasso*.

Man verlässt Monforte Richtung Monchiero und biegt gleich rechts nach Castiglione Falletto ab. Nach kurzem fährt man durch den Ortsteil Bussia, wo sich links und rechts einige der berühmtesten Barolo-Lagen ausbreiten. Linker Hand liegen Bussia Soprana und Bussia Sottana, rechts, auf dem Hügel von Perno, der von der gleichnamigen Kapelle beherrschte Weinberg Santo Stefano. Am Weg liegen einige namhafte Barolo-Kellereien, darunter *Armando Parusso* und *Aldo Conterno*, dessen riesiges Kelter- und Lagerhaus unübersehbar über den Weinbergen von Bussia thront, dem Bereich, wo sich auch seine besten Parzellen befinden: Granbussia, Colonello, Cicala, Romirasco *(Mehr zu den Weingütern -> S. 220 u. F.)*.

Castiglione Falletto - Weinberge

Auch in der Gemeinde **Castiglione Falletto** ist man von historischen Weinbergen umgeben, wie etwa rechter Hand die sich bis ins Tal erstreckende Lage Rocche und links Meriondino, Monprivato und dahinter die Hügelkuppe Bricco Rocche. Der Ort selbst ist von der wuchtigen Burg dominiert, über die schon im Jahre 1001 berichtet wurde und die im 13. Jahrhundert in den Besitz der mächtigen Familie Falletti überging, von der der Ort seinen Namen hat. Heute ist sie im Privatbesitz und nicht zu besichtigen. Auf dem kleinen Platz vor der Burg befindet sich ein Haus mit vielen kleinen Bögen, in dem das *Ristorante Le Torri* *(Informationen zum Restaurant -> S. 207)* untergebracht ist. In diesem Haus lebte im 19. Jahrhundert der Naturkundler Ferdinando Vignolo Lutati, der die erste Karte der großen Barolo-Lagen skizzierte und nach ausgiebigen Forschungsarbeiten ein Verzeichnis der Flora der Langhe verfasste, das noch heute als Standardwerk gilt.

Hier wurde Ende des 19. Jahrhunderts die erste Winzergenossenschaft gegründet, aus der später die *Cooperativa Terre del Barolo* hervorging, die sich an der Straße von Alba nach Barolo befindet. Am Ortsrand von Castiglione (Richtung Alba) befindet sich der Betrieb der Familie *Cavallotto*, die für ihre Gastfreundschaft bekannt ist und einen ausgezeichneten traditionellen Barolo herstellt, wovon die imposante Reihe großer Eichenfässer in ihrem Keller Zeugnis ablegt.

Einen Besuch wert sind auch die Betriebe von *Monchiero Fratelli*, der qualitativ hochwertige Weine zu günstigen Preisen bietet, sowie *Azelia* und *Paolo Scavino*, zwei ausgezeichnete Betriebe der modernen Linie *(Informationen zu den Weingütern -> S. 208)*.

Der weitere Weg führt zunächst zurück auf der Straße nach Monforte und kurz vor dem Ort rechts nach Barolo. Auf dem Weg dorthin lohnt sich ein kleiner Umweg über **Novello**. Das kleine Festungsdorf mit den eng gedrängten Häusern bietet mit der Kirche der Confraternità di S. Giovanni Battista und vor allem mit der Pfarrkirche S. Michele Arcangelo zwei schöne Beispiele des savoyischen Staatsbarocks.

Novello

Barolo ist ein beschauliches Dorf, dessen Hauptsehenswürdigkeit das riesige Schloss mit der berühmten *Enoteca Regionale (Mehr zur Regionalvinothek -> S. 202)* im Schlosskeller ist, in der man die Weine aus fast allen berühmten Barolo-Lagen zu angemessenen Preisen erwerben kann.

Das Kastell stammt aus dem 10. Jahrhundert und ist in seinem Kern eine typische Verteidigungsanlage gegen die Sarazenen. Um 1250 wurde die Burg von der reichen Kaufmannsfamilie Falletti aus Alba erworben, die dann geadelt wurde und die umliegenden Hügel erwarb bzw. eroberte. Die Falletti lebten hier bis 1864 und waren über Jahrhunderte die mächtigste Familie der Langhe. Die letzte Markgräfin Falletti gehörte zu den Pionieren des Barolo, sie verkostete im Keller des

Schlosses um 1850 den ersten Wein dieser Art und gab ihm seinen Namen. Die ehemaligen Wohnräume der Markgräfin im ersten Stock des Schlosses wurden originalgetreu restauriert und sind jetzt zu besichtigen.

Barolo

Die große Traditionskellerei *Marchesi di Barolo* war einst im Besitz der Familie Falletti und gehörte im 19. Jahrhundert zu den Pionieren des Barolo. Nur wenige Schritte entfernt davon befindet sich auf dem kleinen Hauptplatz der Betrieb von *Bartolo Mascarello*, dem großen alten Mann des Barolo-Gebiets, der schon seit zwei Jahrzehnten als der heftigste Gegner der Modernisierer gilt, mit denen ihn dennoch zum Teil eine lange persönliche Freundschaft verbindet. Er legt Wert auf die Feststellung, dass er zwar Traditionalist, keineswegs aber Konservativer sei. Als ehemaliger Partisan in den Reihen der Kommunisten ist er bis heute ein streitbarer Geist geblieben und sorgte kürzlich für einen kleinen politischen Skandal in Alba. Da er seit einiger Zeit nicht mehr gehen kann und an den Rollstuhl gebunden ist, vertreibt er sich die Zeit damit, Etiketten zu malen, die er regelmäßig mit der Aufschrift *«No Barrique»* versieht. Vor den letzten Parlamentswahlen tat er unmissverständlich kund, dass sein Herz immer noch links schlägt, indem er einige Etiketten mit der Aufschrift versah: *«No Barrique – no Berlusconi»*. Ein befreundeter Weinhändler in Alba stellte den Wein ins Schaufenster, wo er alsbald von einem pflichtbewussten Ordnungshüter entdeckt und beschlagnahmt wurde, mit der Begründung, das sei illegale Wahlwerbung. Alle großen Zeitungen berichteten über den Affront des roten Barolista gegen den Großunternehmer und Politiker. Bartolo Mascarello kann herzlich über die ganze Aktion lachen und hat die Flasche mit dem inkriminierten Etikett demonstrativ in seinem Büro aufgestellt.

Es gibt in Barolo aber nicht nur Horte der Tradition, sondern herausragende Exemplare der modernen Winzergeneration, wie Chiara Boschis vom Betrieb *Pira e Figli* und Luciano Sandrone. Darüber hinaus gibt es in Barolo noch zwei sehr gute Restaurants, das traditionelle *Brezza*, das dem Hotel Barolo angeschlossen ist, und das *Borgo Antico*, das traditionelle Küche mit moderner Raffinesse bietet *(Informationen zu den Weinkellereien und den Restaurants -> S. 202 u. F.)*.

Von Barolo fährt man hinauf nach **La Morra**, der letzten Station unserer Tour, die mit 537 Meter Seehöhe auf einem der höchsten Hügel liegt und auch als Balkon der Langhe bezeichnet wird. Von der Piazza Castello am höchsten Punkt des Ortes eröffnet sich ein grandioses Panorama über die Hügelketten der Langhe, mit kleinen Dörfern, deren Burgen und Türme sich aus einem Meer von Weingärten erheben, die gegen Süden hin in die Felder und Wälder der Alta Langa übergehen, hinter denen die Bergketten der Seealpen aufragen.

La Morra

Nach dem Sarazeneneinfall entvölkert, wurde die Gegend um La Morra erst im 13. Jahrhundert wieder langsam besiedelt und in den Kriegen der Stadtrepubliken befestigt. 1402 fiel es an die Markgrafen von

Monferrato, die auf dem strategisch günstigen Platz eine Festung zur Sicherung ihrer südlichen Besitztümer errichteten. Im Monferrater Erbfolgekrieg war La Morra heftig umkämpft und 1526 wurden Ort und Festung zerstört. Danach wurde die Festung abgetragen und das Dorf wieder aufgebaut.

Am Ort der verschwundenen Festung befindet sich heute die schon erwähnte Piazza Castello. Das historische Zentrum um den Platz weist nach wie vor den charakteristischen Grundriss eines Fächers auf, der auf der Piazza Castello zusammenläuft, auf der sich auch das weithin berühmte Restaurant *Belvedere* *(Genaueres zum Restaurant -> S. 214)* befindet.

Von der Piazza Castello aus, wo auf den Resten der Festung 1709 ein Glockenturm erbaut wurde, kann man einen schönen Rundgang durch das historische Zentrum machen. Besonders sehenswert ist die nur ein paar Schritte entfernte Piazza del Municipio, der *«magische Barockplatz»* von La Morra, mit der barocken Pfarrkirche (1699), dem Rathaus (1765) und der Kirche Confraternità di San Rocco (1749). Auf diesem kleinen Platz befindet sich auch die *Cantina Comunale* di La Morra *(Informationen hiezu -> S. 214)*, die sich im Palazzo der Marchesi Falletti befindet und praktisch die vollständige Palette der Weine von La Morra zur Verkostung und zum Verkauf anbietet.

Empfehlenswert ist ein Spaziergang durch den Vorort **Annunziata** (3 km Richtung Alba) mit der schönen Benediktinerabtei San Martino di Marcenasco. Wenn man um die Kirche herumgeht, sieht man tief unterhalb der Apsis die Einfahrt zum ehemaligen Weinkeller der Benediktiner, der seit über hundert Jahren zum Weingut der Familie *Ratti* gehört, die hier ein sehenswertes Museum der Weine von Alba eingerichtet hat.

Am letzten Sonntag im August findet die *Mangialonga (Näheres zum Fest -> S. 217)* statt, ein kulinarischer Festzug von etwa 3 km Länge durch die Weinberge der berühmten Barolo-Lagen, an dem Tausende junge und alte Leute teilnehmen. Dabei werden an verschiedenen Stationen die einzelnen Gänge eines ausgiebigen piemontesischen Menüs eingenommen und jede Menge Dolcetto, Barolo, Moscato usw. getrunken. Am Schluss gibt es dann Musik und Tanz in einer Scheune.

Unter den zahlreichen ausgezeichneten Winzern von La Morra ist wohl *Elio Altare* der bekannteste. Er ist unbestritten der wichtigste Wegbereiter der modernen Weinerzeugungstechniken im Barolo-Gebiet, der dem Barolo wieder einen hohen Stellenwert und neuen Ruhm verschafft hat. Weitere Betriebe der modernen Generation sind *Erbaluna, Roberto Voerzio* und *Renato Ratti*, der Protagonist der Lagenabfüllungen. Die besten Winzer unter den Traditionalisten sind *Lorenzo Accomasso* und *Gianfranco Bovio (zu den Weinkellereien mehr -> S. 214 u. F.)*, dem auch das Restaurant *Belvedere (Informationen -> S. 214)* auf der Piazza Castello gehört. Ein abschließendes Abendessen in diesem traditionsorientierten und exzellenten Restaurant mit dem grandiosen Blick über die Langhe ist sehr empfehlenswert.

Von La Morra fährt man über **Verduno** und **Roddi** zurück nach Alba. Auf halbem Weg zwischen Verduno und Roddi liegt zwischen den Weingütern Monvigliero, Fava und Marzio ein Weinberg namens **Monvigliero**, der historische Berühmtheit erlangt hat, weil von hier der erste italienische Wein in die Arktis gelangte. Der Commendatore Burlotto, ein legendärer Barolista um 1900, rüstete die Nordpolexpedition des Herzogs der Abbruzzen 1899/1900 mit Barolo aus dieser Lage aus.

Tour 2:
Von Alba durch das Barbaresco-Gebiet

Das Barbaresco-Gebiet zieht sich von der Linie Alba-San Rocco (einem Vorort südlich von Alba) nach Nordosten bis Neive und umfasst die drei Gemeinden Barbaresco, Neive und Treiso. Unsere Tour führt zunächst nach ***Barbaresco****, dann nach* ***Neive*** *und über* ***Treiso*** *zurück nach* ***Alba.***

Das sind insgesamt zirka ***40 Kilometer****.*

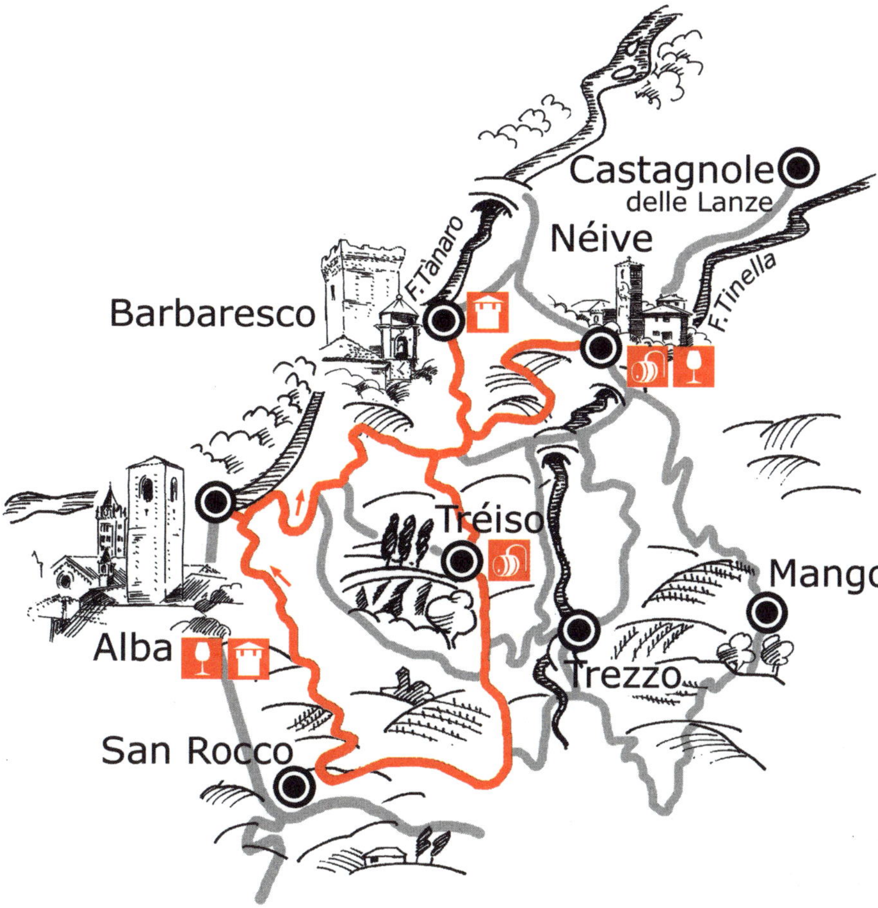
Castagnole
delle Lanze
Néive
F.Tinella
F.Tànaro
Barbaresco
Tréiso
Mango
Alba
Trezzo
San Rocco

Man fährt von Alba über die Piazza Monsignor Grassi und durch ein Villenviertel hinauf zur sehr schönen Höhenstraße, die nach Barbaresco führt. Wenn man zurückblickt, sieht man die Dächer Albas als rote Fläche, aus der die romanischen Geschlechtertürme trutzig emporragen.

Barbaresco war schon von den Ligurern und dann von den Römern besiedelt und verdankt seinen Namen den Letzteren, die das ganze Gebiet, das damals dicht bewaldet war, als *Barbarica Silva* (Wald der Barbaren) bezeichneten. Eine andere Version führt den Namen Barbaresco auf die barbarischen Sarazenen *(Barbareschi)* zurück, die im 10. Jahrhundert in den Langhe einfielen und alles zerstörten.

Barbaresco

Das weithin sichtbare Wahrzeichen des Ortes ist ein mächtiger Sarazenenturm von 36 Meter Höhe und einer Seitenlänge von 9 Meter, der im 10. Jahrhundert zur Verteidigung und als Zuflucht vor den Sarazenen erbaut wurde und mit römischen Steinen und Quadern durchsetzt ist. Der tausendjährige Turmkoloss gilt als der mächtigste dieser Art im Piemont; um ihn bildete sich später eine Burg, die aber Anfang des 16. Jahrhunderts im Monferrater Erbfolgekrieg zerstört wurde. Der Turm hat zwei Schießscharten und eine Eingangsöffnung, die an der steil zum Fluss hin abfallenden Hangseite liegt und nur über eine Leiter erreichbar ist, was ihn praktisch uneinnehmbar machte.

Der uneinnehmbare Turm und die dominante Höhenlage über dem Tanaro-Tal machten Barbaresco im Mittelalter zu einem Ort von besonderer strategischer Bedeutung, der an wichtige Adelsgeschlechter als Lehen vergeben wurde. Im Jahre 1142 kam die Familie Agliano auf die zündende Idee, aus der strategischen Lage des Ortes Kapital zu schlagen und verkaufte Barbaresco je zur Hälfte an die tödlich verfeindeten Stadtrepubliken Asti und Alba, deren Stadtmilizen sich in der Folge die wildesten Kämpfe um den Ort lieferten. Im 14. Jahrhundert kam Barbareso zur Markgrafschaft Monferrato und teilte dann deren Schicksal.

Im historischen Zentrum von Barbaresco sind neben dem Sarazenenturm und der Festung noch die barocke Pfarrkirche aus dem 18. Jahrhundert und die Kirche San Donato aus dem 19. Jahrhundert sehenswert. In der Pfarrkirche, die Johannes dem Täufer gewidmet ist, befindet sich ein mit Intarsien verziertes Chorgestühl aus Nussbaumholz und ein reich geschmückter Altar aus mehrfarbigem Marmor. In der kleinen Kirche San Donato wurde nach der Renovierung die *Enoteca Regionale del Barbaresco* *(Details dazu -> S. 199)* eingerichtet, die gemäß der Architektur der Kirche in verschiedene Zonen unterteilt ist. Im Mittelschiff wird mit Schautafeln, Fotografien und verschiedenen Dokumenten die Geschichte des Weins und seiner Herstellung erzählt. Im rechten Schiff befinden sich das Flaschenlager und das Sekretariat, im linken Schiff finden die Verkostungen und der Verkauf statt.

Barbaresco - Festung

Der berühmteste Winzer von Barbaresco ist *Angelo Gaja (mehr zu Angelo Gaja und seinen Weinen -> S. 199/200)*, der in der ganzen Welt als Aushängeschild des modernen Weinbaus nicht nur von Barbaresco, sondern von ganz Italien gilt. Seine Weine sind von exzellenter Qualität, aber leider sehr teuer. Nicht so berühmt, aber ebenso bedeutsam für die Qualitätsweinproduktion in Barbaresco ist die örtliche Winzergenossenschaft *(Produttori del Barbaresco),* die seit den 1950er Jahren sukzessive daran gearbeitet hat, die kleinen Winzer auf den Weg der Qualitätsproduktion zu bringen, und entscheidenden Anteil daran hat, dass der Barbaresco sich heute als üppiger, eleganter und langlebiger Wein erster Güte präsentiert, der sich vom *«großen Bruder»* Barolo vollständig emanzipiert hat. Weitere Spitzenbetriebe in Barbaresco sind *Cisa Asinari* und *Bruno Rocca (Details zu den Weinkellereien -> S. 201)*.

Von Barbaresco fährt man ein paar Kilometer zurück und biegt an der Kreuzung links auf die Straße nach Neive ab, die durch herrliche Weingärten mit Nebbiolo-, Dolcetto- und Barberareben führt. Rechter Hand zum Belbo-Tal hin gibt es auch schon die ersten Moscatoreben, die den Beginn eines anderen Anbaugebiets markieren. Das alte Festungsdorf **Neive** ist ein wahres Schmuckstück und gilt mit seinem unversehrten historischen Baubestand als einer der schönsten Orte der Langhe. Im 10. Jahrhundert wurden eine Burg und Stadtmauern errichtet, um den Ort vor den Sarazenenhorden zu schützen. Die Burg gibt es nicht mehr, doch die Anlage als Festungsdorf ist noch deutlich erkennbar: Die Häuser sind dicht zusammengerückt wie die Steine einer mächtigen Verteidigungsmauer, die sich spiralförmig bis zur Hügelspitze hinaufzieht.

Der im Tal liegende moderne Teil von Neive, Borgonuovo genannt, entstand vor allem während des Baubooms der 1960er Jahre und ist architektonisch völlig getrennt vom historischen Ortskern, in dem es keine Neubauten gibt. Borgonuovo ist ein Geschäftsort, in dem es früher viele Gasthäuser und Ställe für das Wechseln der Pferde gab, weil die Wagen auf dem Weg nach Alba hier Station machten. Ende des 19. Jahrhunderts wurde zusammen mit der Eisenbahnlinie Alessandria-Alba, einer der ersten des Königreichs Sardinien-Piemont, ein Bahnhof eröffnet, der den Ort zu einem modernen Verkehrsknotenpunkt machte.

Um den historischen Ortsteil zu besichtigen, empfiehlt es sich, das Auto außerhalb der alten Stadtmauer abzustellen. Sehenswert ist der gesamte Ortskern, man findet zahlreiche Palazzi, schöne Steinhäuser und kunstvoll restaurierte Holzportale. Die rundum verlaufende Straße führt an gepflegten Gärten vorbei und ermöglicht immer wieder Ausblicke in die schöne Landschaft der Umgebung. Besonders zu erwähnen sind die barocken Kirchen Santi Pietro e Paolo (mit Stuckarbeiten aus dem 18. Jahrhundert) und Confraternità di San Michele (mit einem Orgelkasten aus dem 18. Jahrhundert) sowie das ebenfalls barocke Rathaus.

Sollten Sie gerade zur Essenszeit in Neive sein,

empfiehlt sich die Einkehr im *La Contea*, das im ganzen Piemont als ausgezeichnetes Restaurant bekannt ist und mit seinen Stilmöbeln und Deckenfresken in den kleinen Räumen aus dem 19. Jahrhundert ein sehr schönes Interieur besitzt. Unter den Winzern von Neive gilt *Bruno Giacosa* als der virtuoseste. Weiters sind als herausragende Beispiele noch *Paitin*, der Betrieb der Familie Pasquero und derjenige der *Fratelli Cigliuti* zu nennen *(Näheres zum Restaurant und den Weingütern -> S. 223-225)*.

Und dann gibt es da noch einen Grappabrenner namens *Romano Levi* *(Informationen -> S. 225)*, ein echtes Original, der von deutschen und amerikanischen Zeitschriften als *«König des Grappa»* bezeichnet wird, was er absolut nicht versteht, weil er doch eher scheu und zurückgezogen ist. Er schmückt seine Flaschen mit selbst entworfenen, leicht surrealistischen Etiketten und ist alles andere als ein Marketinggenie. Seine Grappakreationen sind für wahre Kenner, aber es ist nicht gerade einfach eine Flasche zu erstehen, trennt sich Romano doch gar so ungern von seinen Geschöpfen. Auf jeden Fall sollte man sich seinem Haus höflich und bescheiden nähern, sonst kann es leicht sein, dass einem nicht geöffnet wird.

Um nach Treiso zu gelangen, fahren Sie am besten auf der Straße, auf der Sie gekommen sind, zurück bis *Tre Stelle* (Drei Sterne), Mittelpunkt des Barbaresco-Gebiets und Kreuzung dreier Straßen, die nach Neive, Barbaresco und Treiso führen; Letzteres erreichen Sie nach wenigen Kilometern.

Treiso ist ein kleines Dorf, dessen Geschichte 5.000 Jahre zurückreicht. Davon zeugen drei geschliffene Steine aus der Jungsteinzeit, die im Vorort Pertinace gefunden wurden und vom Pfarrer in einer Blechdose aufbewahrt werden. Treiso gehörte früher zur Gemeinde Barbaresco und wurde erst 1958 eine eigenständige Gemeinde. Im Mittelalter, während der Kriege zwischen Alba und Asti, war es ebenso wie Barbaresco Schauplatz blutiger Kämpfe. Vom höchsten Punkt des Ortes hat man einen sehr schönen Blick über das Barolo-Gebiet und das Roero bis zum Westalpenbogen.

Treiso

In der Nähe von Treiso liegen die ***Rocche dei sette fratelli*** (Felsen der sieben Brüder), eine beeindruckende, durch Erosion entstandene Schlucht in Form eines Amphitheaters. Einer Legende zufolge soll sich hier einst eine große Wiese befunden haben, auf der sieben Brüder arbeiteten, die sich wiederholt der Gotteslästerung schuldig gemacht hatten. Zur Strafe soll sich die Erde unter ihnen aufgetan und sie verschlungen haben. Leider nur allzu realistische Szenen spielten sich allerdings im Zweiten Weltkrieg ab, als hier zwischen 1943 und 1945 heftige *Partisanenkämpfe* *(Genaueres zu dieser Epoche -> S. 44 u. F.)* stattfanden, in denen viele junge Männer im Widerstandskampf gegen die Faschisten ihr Leben verloren.

Zu den interessantesten Weinbaubetrieben in Treiso gehören *Fiorenzo Nada, Giorgio Pelissero* und *Eredi Lodali*.

Man verlässt Treiso Richtung Süden und kehrt in einem Bogen über **San Rocco** nach Alba zurück.

Tour 3:
Von Alba durch das Gebiet von Barbera und Moscato

Diese Tour führt über die Schnellstraße Alba-Asti (Nr. 231) zunächst ins Roero zu den Orten ***Govone*** *und* ***San Martino Alfieri****, dann weiter ins südliche Monferrato nach* ***Costigliole d'Asti, Castagnole delle Lanze, Santo Stefano Belbo, Loazzolo, Canelli*** *und* ***Nizza Monferrato****. Bei Rocchetta Tanaro quert man den Tanaro und fährt weiter ins nördliche Monferrato nach* ***Vignale Monferrato*** *und* ***Serralunga di Crea****, von wo man über* ***Moncalvo*** *nach* ***Asti*** *und* ***Alba*** *zurückkehrt.*

Die gesamte Tour führt über zirka ***200 Kilometer****, ohne die Fahrt ins nördliche Monferrato sind es etwa 100 Kilometer.*

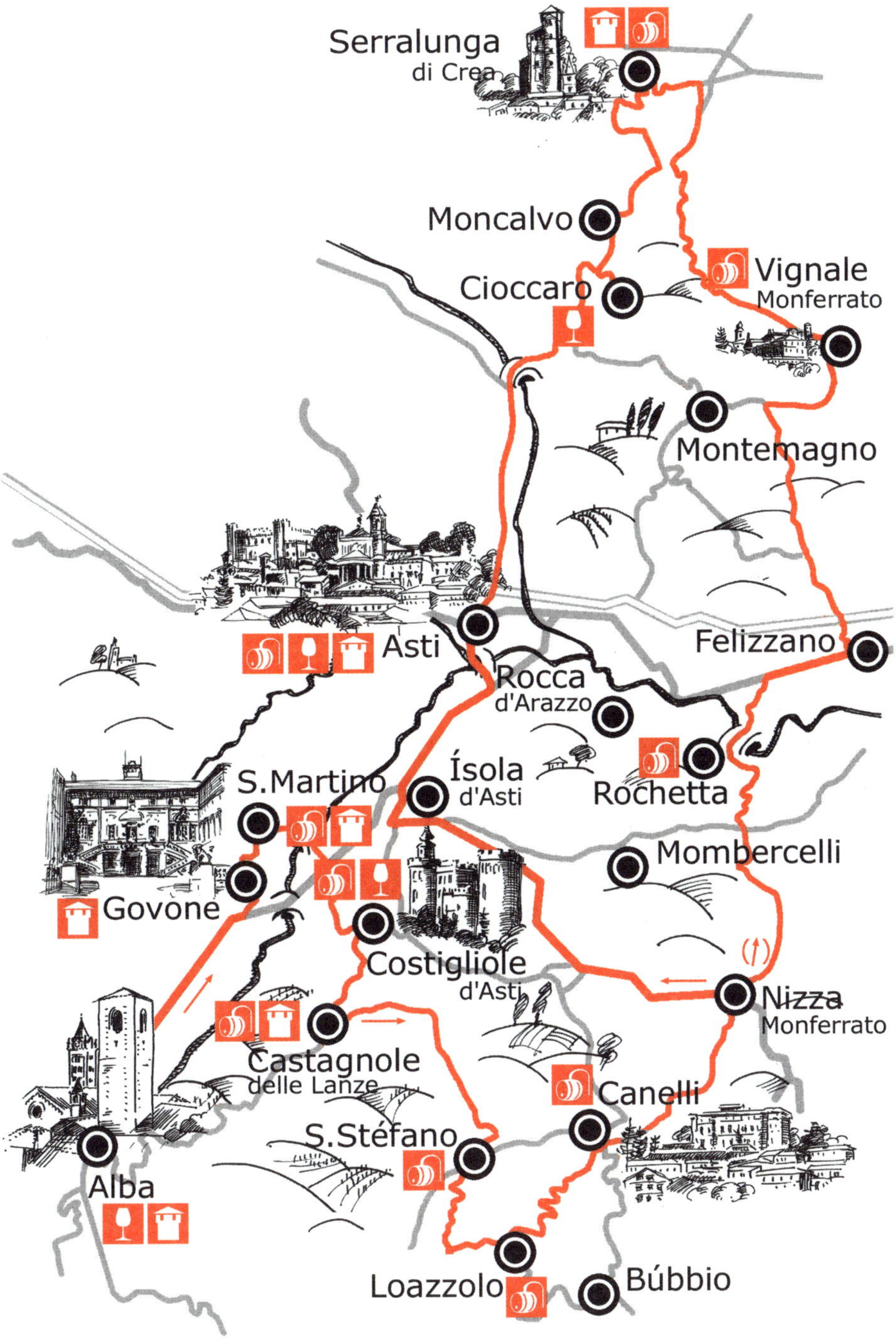

Serralunga
di Crea
Moncalvo
Cioccaro
Vignale
Monferrato
Montemagno
Asti
Felizzano
Rocca
d'Arazzo
Ísola
d'Asti
Rochetta
S.Martino
Mombercelli
Govone
Costigliole
d'Asti
Nizza
Monferrato
Castagnole
delle Lanze
Canelli
S.Stéfano
Alba
Loazzolo
Búbbio

Man fährt auf der Schnellstraße Richtung Asti und biegt zirka 2 km nach Canove links nach **Govone** ab. Das Dorf ist von Barbera-Weingärten umgeben und erhebt sich hoch über dem Tanaro. Überragt wird es von einem prächtigen *Barockschloss (Details zur Schlossbesichtigung -> S. 212)*, das 1778 nach Plänen des genialen Barockarchitekten Filippo Juvarra an Stelle des früheren Kastells erbaut wurde. Von dem reich dekorierten, dreiflügeligen Bau mit der prächtigen Treppe, die mit mythologischen Reliefs geschmückt ist, hat man einen herrlichen Panoramablick. Sehenswert sind auch die Innenräume, die zum Teil von Luigi Vacca, einem Vertreter der illusionistischen Malerei des 19. Jahrhunderts, mit Freskenmalereien versehen wurden, die verblüffende Täuschungen zeigen.

Das Schloss beherbergte für einige Zeit Jean Jacques Rousseau, den Philosophen der Aufklärung, der hier 1730 als Bibliothekar arbeitete. Aus dieser Zeit stammt wahrscheinlich der Ausspruch Rousseaus, das Turiner Hügelland sei das schönste Bild, das sich dem menschlichen Auge darbieten könne.

Nur einen Katzensprung weiter nördlich liegt **San Martino Alfieri** mit dem ebenfalls sehr schönen Barockschloss der Marchesi Alfieri, das von einem riesigen Park umgeben ist. Hier traf sich Camillo Cavour des Öfteren zu politischen Besprechungen mit Gleichgesinnten. Seit 1990 haben drei Schwestern mit Hilfe des Önologen Giancarlo Scaglione die Weinbautradition des Schlosses wiederbelebt und gehören heute zu den besten Erzeugern von Barbera d'Asti.

Nach diesem kurzen Abstecher ins Roero überquert man den Tanaro und fährt ins südliche Monferrato nach **Costigliole d'Asti,** das von einem imposanten Kastell dominiert wird, das vor allem im beleuchteten Zustand ein spektakuläres Bild bietet. Das Schloss wurde im 14. Jahrhundert als Wehrbau errichtet und im 19. Jahrhundert in gotisierenden Formen historistisch umgebaut.

Costigliole d'Asti - Castello

Heute befindet sich darin eine internationale Kochschule, das «*Italian Culinary Institute for Foreigners*». In kulinarischer Hinsicht ist vor allem das weithin berühmte Restaurant *Da Guido* zu nennen, aber auch eine Reihe von ausgezeichneten Barbera-Winzern wie die *Cascina Castlèt*, die zu den ältesten Betrieben gehört, sowie die Betriebe von *Pietro Benotto* und der Familie *Bertelli* *(Informationen hiezu -> S. 210/211)*.

Ein paar Kilometer weiter südlich liegt **Castagnole delle Lanze,** ein Ort, der zwar als *«Lancia»* bereits im 11. Jahrhundert erwähnt wurde, aber über die Jahrhunderte wenig Bedeutung hatte. Erst mit der Eröffnung des Bahnhofs im Jahre 1870 wurde er als Verbindungsknoten zwischen dem Tanaro-Tal und den Langhe wichtig, begann sich zu entwickeln und wurde in den 1930er Jahren zu einer bekannten Sommerfrische. In den 1960er Jahren explodierte die Bautätigkeit im Borgonuovo, dem neuen Ortsteil. In der Altstadt, die von einem Turm aus dem 19. Jahrhundert und der Pfarrkirche San Pietro in Vincoli dominiert wird, sind alte Laubengänge und Bürgerhäuser erhalten geblieben.

Weinfreunden ist der Ort vor allem wegen des Weinguts *La Spinetta* *(Genaueres zu diesem Weingut -> S. 206)* der Familie Rivetti bekannt. Giorgio, einer der beiden Söhne, wurde einer breiteren Öffentlichkeit als Winzer des Jahres und von *Gambero Rosso* meistprämiierter Erzeuger bekannt, während sein Bruder und sein Vater eher still im Hintergrund arbeiten. Ersten Ruhm erlangte das Weingut in den 1980er Jahren mit einem leichten Moscato d'Asti, dem in den 1990er Jahren der Barbera Pin und sensationelle Lagen-Barbarescos folgten.

Über Boglietto fährt man weiter nach **Santo Stefano Belbo,** der Geburtsstadt des Schriftstellers *Cesare Pavese* *(Mehr zu den Pavese-Gedenkstätten -> S. 228)*, der mit seinen Erzählungen und Romanen die Landschaft der Langhe literarisch berühmt gemacht hat. Die Örtlichkeiten der Langhe werden bei Pavese zum Teil mit topografischer Genauigkeit geschildert, erscheinen aber immer wieder als mythische Landschaft, die das verlorene Paradies der Kindheit repräsentiert und das Ziel einer nostalgischen Reise zu den eigenen Wurzeln darstellt. Das beginnt bei der ersten Publikation, dem Gedicht *I mari del Sud* (Die Südsee), wo er in gedrängter Form die Unvergänglichkeit der Langhe beschwört *(Le Langhe non si perdono* – Die Hügel der Langhe werden nicht vergehen), und setzt sich fort in seinem ersten Roman *Paesi tuoi* (Unter Bauern), wo er die berückenden Erhebungen von Monticello bei Alba mit den Brüsten einer Frau vergleicht und sich mit dieser Anspielung eine faszinierende, urtümliche Welt voller Unruhe und Angst eröffnet. In den späten Werken, wie zum Beispiel in *Il diavolo sulle colline* (Der Teufel auf den Hügeln) und besonders im letzten Werk, *La luna e i falò* (Junger Mond), wird die Inspiration durch die Hügellandschaft der Langhe immer stärker erkennbar. Man kann Paveses Geburtshaus und das Centro Studi Cesare Pavese besuchen. Letzteres ist auch Ausgangspunkt für einen Rundgang zu den Pavese-Gedenkstätten.

Santo Stefano Belbo liegt bereits inmitten des Moscato-Anbaugebiets. *Piero Gatti* war hier einer der ersten Winzer, der zusammen mit Giorgio Rivetti von La Spinetta herausragenden Moscato d'Asti produzierte. Weiters seien noch *Ca' d' Gal* und *Marco Bianco* genannt *(Details hiezu -> S. 229)*.

Der Weg von S. Stefano Belbo hinauf in das kleine

Dorf **Loazzolo** führt in eine landschaftlich überaus reizvolle Gegend, die schon sehr stark die Charakteristika der Alta Langa zeigt: mit Ginsterbüschen und undurchdringlichen Wäldern, Schluchten und abschüssigen Hügeln, die an geeigneten Stellen mit Weinstöcken bepflanzt sind. Und man hat einen wunderschönen Ausblick über das Belbo-Tal. In der Nähe des Dorfes befindet sich der Betrieb *Forteto della Luja* *(Mehr zu dieser Weinkellerei -> S. 218)* von Giancarlo Scaglione, der sich fast gänzlich auf Süßweine verlegt hat und mit seinem *Moscato passito Forteto della Luja* maßgeblich dazu beigetragen hat, dass Loazzolo vor einigen Jahren gesetzlich als eigenes DOC-Anbaugebiet anerkannt wurde.

Man fährt auf einer steilen, kurvigen Straße durch die wildromantische Landschaft wieder hinunter ins Belbo-Tal, nach **Canelli**, der historischen Hauptstadt des Asti Spumante. Der Ort war schon von den Ligurern besiedelt und erlangte unter den Römern Bedeutung. Einige behaupten, dass bereits die Ligurer die ersten Weinstöcke angepflanzt hätten, andere meinen, es wären politisch Geächtete zur Römerzeit gewesen. Jedenfalls ist belegt, dass schon um 1000 in der ganzen Gegend Weinbau betrieben und durch das Mittelalter hindurch weiter gepflegt wurde. So konnten sich 1616 die Spanier, als sie das Kastell besetzten (und später zerstörten), darüber freuen, dass *«die Keller voll mit Moscatelli und anderen delikaten Weinen sind»*.

Die Lage an einem Hauptverkehrsweg, der sich

bis zur ligurischen Küste hin zieht, hat Canelli seit jeher zu einem wichtigen Handelsplatz und zu einem Schauplatz vieler Schlachten um den Besitz der Stadt gemacht. Seine Geschichte ist eng mit dem Kastell verbunden, das bereits im 10. Jahrhundert entstand, häufig den Besitzer wechselte, mehrmals zerstört und wieder aufgebaut wurde, zuletzt im 18. Jahrhundert durch die Familie Galleani aus Barbaresco. Das Erscheinungsbild der Stadt wird weitgehend durch die großen Asti-Erzeuger geprägt, deren riesige Keller den Boden durchziehen.

Gancia, die Firma des Asti-Erfinders, ist mit 20 Millionen Flaschen im Jahr noch immer einer der größten Erzeuger, der übrigens im Unterschied zu anderen Produzenten in den letzten Jahren auch trockene Schaumweine herstellt, mit denen er großen Erfolg hat. Die ebenfalls historische Kellerei *Contratto*, deren alte Gewölbekeller am Ortsrand wirklich sehenswert sind, hat in den letzten Jahren neben dem klassischen Asti auch zwei sehr gute Rotweine (Barbera und Barolo) hervorgebracht *(Mehr zu diesen Betrieben -> S. 205/206)*.

Der Weg führt nun weiter nach **Nizza Monferrato**, wo man sich entscheiden kann, ob man lieber auf der Hauptstraße zurück nach Alba fährt oder auf Nebenstraßen ins nördliche Monferrato. Die Landschaft des nördlichen Monferrato ist ebenso wie die der Langhe durch endlos scheinende, hintereinander gestaffelte Hügelketten geprägt, wo fast jede größere Kuppe von einer Burg oder einem eng gedrängten alten Dorf gekrönt wird. Allerdings sind die Hügel nicht wie in den Langhe sanft gewellt, sondern schroffer, wilder und die Dörfer sind kaum vom Tourismus berührt. Hier hat sich auch der Weinbau nicht im selben Maße entwickelt wie südlich des Tanaro, daher gibt es nicht so viele hervorragende Winzer wie im südlichen Monferrato und in den Langhe.

Wenn Sie sich für die zweitere Variante entscheiden, dann geht es zunächst nach **Rocchetta Tanaro**, wo das Weingut *Braida (Informationen zu diesem Weingut -> S. 226)* der Familie Bologna beheimatet ist. Der früh verstorbene Giacomo Bologna war derjenige, der der Rebsorte Barbera nach dem katastrophalen Methanolskandal Mitte der 1980er Jahre wieder zu neuem Erfolg verhalf.

Man überquert bei Rocchetta den Tanaro und fährt auf Nebenstraßen nach **Vignale Monferrato**, wo im Weingut *Bricco Mondalino (-> S. 236)* vor allem sehr guter Grignolino gekeltert wird. Wer noch weiter in den Norden möchte, dem sei die *Tenuta La Tenaglia (-> S. 232)* in Serralunga di Crea empfohlen, ebenfalls bekannt für guten Grignolino und Barbera.

In **Serralunga di Crea** befindet sich auch ein schöner Wallfahrtsberg, der schon zur Römerzeit als heiliger Ort galt. 1152 wurde hier eine romanische Wallfahrtskirche erbaut, die 1483 durch einen großen gotischen Neubau ersetzt wurde. 1589 erklärte man den Wallfahrtsort zu einem *Sacro Monte* (Heiliger Berg) und widmete ihn im Geist der Gegenreformation dem Marienkult. Es wurden 23 Kapellen errichtet, die von den Adelshäusern und Städten des Monferrato gestiftet wurden. 17 weitere Kapellen waren noch geplant, wurden aber nicht mehr errichtet.

Serralunga di Crea

Auf der Rückfahrt nach Asti und Alba ist noch **Moncalvo** (siehe Titel-Foto) interessant, ein typisches Bergstädtchen des Monferrato auf einer dominanten Hügelkuppe. Neben der bedeutenden Burg gibt es hier eine gotische Pfeilerbasilika aus dem 14. Jahrhundert, die um 1600 im Stile der Spätrenaissance umgestaltet wurde. Der Ort ist auch bekannt für seine Trüffelmesse, bei der alljährlich der *Tartufo d'oro* (die Goldene Trüffel) verliehen wird. Wer die Tour mit einem guten Essen abschließen oder hier übernachten möchte, dem sei die *Locanda del Sant' Uffizio* *(Informationen zum Restaurant -> S. 209)* in Cioccaro di Penango, zirka 5 km südlich von Moncalvo, empfohlen. Das Hotel mit Restaurant ist in einem schönen alten Gutshof untergebracht und bietet feine piemontesische Küche, ist allerdings nicht ganz billig.

TIPPS

Weinjahrgänge im Piemont

Erklärung:

*	= *mäßig*
**	= *normal*
***	= *gut*
****	= *sehr gut*
*****	= *ausgezeichnet*

1947	*****	1987	*
1958	****	1988	****
1961	****	1989	*****
1964	****	1990	*****
1970	****	1991	**
1971	*****	1992	*
		1993	****
1978	*****	1994	*
1979	****	1995	****
1980	***	1996	****
1981	**	1997	*****
1982	*****	1998	*****
1983	***	1999	****
1984	*	2000	****
1985	****	2001	***
1986	**		

Balthasar-Flasche

Flaschen-Übergrößen

Magnum
2 Normalflaschen (1,5 l)

Doppel-Magnum
4 Flaschen (3 l)

Jeroboam (oder Jerobeam)
6 Flaschen (4,5 l), benannt nach dem 1. König von Israel (ca. 900 v. Chr.)

Methusalem
8 Flaschen (6 l), benannt nach dem biblischen Patriarchen, der das legendäre biblische Alter von 969 Jahren erreicht haben soll

Salmanassar
12 Flaschen (9 l), benannt nach einem assyrischen König (ca. 850 v. Chr.)

Balthasar
16 Flaschen (12 l), benannt nach einem der Hl. Drei Könige

Nebukadnezar
20 Flaschen (15 l), benannt nach einem babylonischen König (ca. 600 v. Chr.)

Winzervereinigung «Langa in»

1992 haben sich unter dem Namen *«Langa in»* eine Reihe interessanter Winzer zusammengeschlossen, die Besichtigungen und Verkostungen anbieten, zu denen man sich telefonisch anmelden kann. Im Herbst, vor allem während der Weinlese, sind Besuche nur eingeschränkt möglich. Es handelt sich um folgende Winzer:

Conterno Fantino *
Via Ginestra 1, Monforte d'Alba
Tel. +39 (01 73) 782 04
Mail: info@conternofantino.it

Domenico Clerico *
Locanda Manzoni 67, Monforte d'Alba
Tel. +39 (01 73) 781 71

Armando Parusso *
Locanda Bussia 55, Monforte d'Alba
Tel. +39 (01 73) 782 57

Elio Grasso *
Locanda Ginestra 40, Monforte d'Alba
Tel. +39 (01 73) 784 91

Paolo Monti
Locanda San Sebastiano, Monforte d'Alba
Tel. +39 (01 73) 783 91

Azelia *
Via Alba-Barolo 53, Castiglione Falletto
Tel. +39 (01 73) 628 59

Paolo Scavino *
Via Alba-Barolo 59, Castiglione Falletto
Tel. +39 (01 73) 628 50

Pira e Figli (Chiara Boschis) *
Via Vittorio Emanuele 1, Barolo
Tel. +39 (01 73) 562 47

Andrea Oberto
Via Marconi, La Morra
Tel. +39 (01 73) 50 92 62

Eraldo Viberti
B.ta Tetti 53, La Morra
Tel. +39 (01 73) 503 08

Bruno Rocca *
Via Rabaja 29, Barbaresco
Tel. +39 (01 73) 63 51 12

Fratelli Cigliuti *
Via Serra Boella 17, Neive
Tel. +39 (01 73) 67 71 85

Giorgio Pelissero *
Via Ferrere 19, Treiso
Tel. +39 (01 73) 63 84 30

Piero Gatti *
Locanda Moncucco 28, Santo Stefano Belbo
Tel. +39 (01 41) 84 09 18

Matteo Correggia
Case Sparse Garbinetto 124, Canale
Tel. +39 (01 73) 780 09

Malvirà
Case Sparse Canova 144, Canale
Tel. +39 (01 73) 97 81 45

Giovanni Almondo
Via San Rocco 26, Montà d'Alba
Tel. +39 (01 73) 97 52 56

La Caudrina
Strada Caudrina 20, Castiglione Tinella
Tel. +39 (01 41) 85 51 26

Die mit einem Sternchen (*) gekennzeichneten Winzerbetriebe sind unter «Adressen und Veranstaltungstipps» beim jeweiligen Ort genauer beschrieben.

«L'Insieme», ein karitatives Projekt einer Winzergruppe um Elio Altare

Elio Altare, Vorreiter der Modernisten im Barolo-Gebiet, initiierte 1997 ein karitatives Projekt, bei dem eine Gruppe von **insgesamt neun Winzern** pro Jahr und pro Winzer 3.000 Flaschen modern vinifizierten Barolo erzeugt. Pro Flasche fließen 5 Euro in einen Fonds, der Sozialprojekte in- und außerhalb der Region unterstützt. Neben Elio Altare aus La Morra sind noch folgende Winzer aus dem Barolo-Gebiet daran beteiligt: Gianfranco Alessandria, Giuseppe Caviola, Giovanni Corino, Silvio Grasso, Mauro Molino, Corrado Morando, Fratelli Revello und Mauro Veglio. Im November jeden Jahres entscheidet eine Kommission, wer das Geld erhalten soll.

Dieses Projekt heizte die Diskussion um die Sortenreinheit des Barolo neuerlich an. Die Cuvée besteht zwar aus den klassischen DOC-Rebsorten der Region (Nebbiolo, Barbera, Dolcetto), die jedoch von jedem Weingut individuell gemischt und mit internationalen Rebsorten wie Cabernet Sauvignon, Merlot und Syrah ergänzt werden können. Der **L'Insieme-Wein** wird daher nicht als Barolo, sondern als *Vino da Tavola* (Tafelwein) bezeichnet und unter dem einheitlichen Etikett *L'Insieme* (Gemeinsam) vermarktet.

ADRESSEN UND VERANSTALTUNGSTIPPS

Bei den Telefonnummern wird die jeweilige Rufnummer innerhalb Italiens angegeben. Die Landeskennzahl für Italien (zum Beispiel aus Österreich und Deutschland 0039) ist also bei Anrufen aus dem Ausland vorzuwählen (die Null am Beginn der Ortsvorwahl muss auch bei Anrufen aus dem Ausland mitgewählt werden).

ALBA

Auskunft

Consorzio Turistico Langhe Monferrato Roero
Piazza Medford 3, Tel. (01 73) 36 15 38

Übernachtung

I Castelli
Corso Torino 14, Tel. (01 73) 36 19 78

4 Sterne; Doppelzimmer 100 Euro.

Modernes, komfortables Hotel mit Tiefgarage.

Leon d'Oro

Piazza Marconi 2, Tel. (01 73) 44 05 36

2 Sterne; Doppelzimmer 50 Euro. Zentrale Lage in der Altstadt mit Parkplatz vor dem Hotel.

Restaurants

Il Vicoletto

Via Bertero 6, Tel. (01 73) 36 31 96

Montag geschlossen, Betriebsferien: Mitte Juli bis Mitte August.
Bietet moderne Variationen typischer regionaler Gerichte.

Osteria dell'Arco

Piazza Savona 5, Tel. (01 73) 36 39 74

Sonntag ganztägig und Montag mittags geschlossen, Betriebsferien: vier Wochen im August.
Traditionelle Gerichte und gelungene neue Kreationen.

Cafés

Cafè Calissano

Piazza Risorgimento 3

Wurde Ende des 19. Jahrhunderts eröffnet und beeindruckt durch die antiken Spiegel und goldenen Stuckverzierungen. Man bekommt hier alle Weine der Langhe glasweise und hat einen schönen Blick auf den Dom.

Trüffeln und Delikatessen

Mercato del Tartufo

Cortile della Maddalena

Mitte September bis Dezember, jeden Samstag von 7:30 bis 13:30 Uhr.
Hier bieten die Trüffelsucher den Händlern die Ausbeute ihrer nächtlichen Jagd an.

Tartufi Ponzio

Via Vittorio Emanuele 26/28

Es gibt hier das ganze Jahr über konservierte und zur Saison frische Trüffeln, darüber hinaus viele Käsesorten und andere Delikatessen.

Polleria Tartufi Elio Ratti

Via Vittorio Emanuele 18b

Lokale Käsespezialitäten und zur Saison frische Trüffeln, darüber hinaus kochfertige Köstlichkeiten der Langhe (zum Beispiel Perlhuhn mit Pflaumen).

Aldo Martino

Via Vittorio Emanuele 27

In der Saison frische Trüffeln und Pilze sowie Gemüse und Obst.

Vinotheken

Enoteca I Castelli

Corso Torino 14c

In der Einkaufsgalerie des gleichnamigen Hotels.

Enoteca Terra Gentile

Via Cavour 5a

In den niedrigen, dunklen Laubengängen der Casa Sacco, einem der prachtvollsten mittelalterlichen Palazzi in Alba.

Grandi Vini

Via Vittorio Emanuele 1a

Eine elegante, gepflegte Weinhandlung.

'l crotin

Via Cuneo 3

Unweit der Via Maestra und der Piazza Savona. Gute fachliche Beratung.

Weinkellereien

Pio Cesare

Via Cesare Balbo 6, Tel. (01 73) 44 03 86

Dieser Name ist eng mit der Geschichte des Barolo verknüpft. Pio Cesare arbeitet mit gemischten Methoden und stellt neben den Klassikern Barolo und Barbaresco auch innovative Weine wie den Piodilei und einen Chardonnay her.

Francesco Rinaldi e Figli
Via Umberto Sacco 4, Tel. (01 73) 44 04 84

Produziert erstklassigen Barolo im traditionellen Stil.

Veranstaltungen

Paglio degli Asini (Eselspalio)

Am ersten Sonntag im Oktober.

Im 13. Jahrhundert hielten die Bürger der Stadt Asti ihren Palio (ein Pferderennen) direkt vor den Mauern des belagerten Alba ab. Der Grimm über diese Demütigung brach im Jahre 1932 (fast 700 Jahre später!) wieder hervor, als Asti die Bewohner von Alba offziell zu ihrem Palio einlud und in letzter Minute wieder auslud.
Man suchte in Alba nach einem Weg, dem Ärger Luft zu machen und veranstaltet seither jedes Jahr einen Eselspalio, um sich über den Pferdepalio von Asti lustig zu machen. Die Veranstaltung wird mit einem prachtvollen Umzug in historischen Kostümen eingeleitet.

Fiera Nazionale del Tartufo Bianco d'Alba
(Trüffelmesse)

Am zweiten und dritten Sonntag im Oktober.

Diese Veranstaltung, bei der sich alles um die weiße Trüffel dreht, wird von zahlreichen kulturellen und literarischen Veranstaltungen begleitet. Trüffeln sind auch hier sehr teuer und kosten pro Kilogramm etwa 1.500 bis 2.000 Euro, Tendenz eher steigend. Grund für die steigenden Preise ist nicht zuletzt die Verringerung der Trüffelplätze, was auf den unbesonnenen Einsatz von chemischen Unkrautvertilgungsmitteln und die oft nicht gerade umweltschonenden Praktiken der Trüffelsucher zurückzuführen ist. Mindestens einmal sollte man sich aber ein richtiges Trüffelmenü gönnen, auch wenn es die Brieftasche ein wenig belastet.

ASTI

Auskunft

Astiturismo

Piazza Vittorio Alfieri 33, Tel. (01 41) 53 03 57

Übernachtung

Hasta

Località Valle Benedetta 25, Tel. (01 41) 21 33 12

Doppelzimmer 150 Euro. Ruhige Lage, moderne Ausstattung, schöner Garten.

Reale

Piazza Alfieri 6, Tel. (01 41) 53 02 40

Doppelzimmer 100 Euro. Gepflegtes Traditionshaus im Zentrum.

Rainero

Via Cavour 85, Tel. (01 41) 35 38 66

3 Sterne; Doppelzimmer 70 Euro. Hotel in Bahnhofsnähe; Parkmöglichkeiten.

Restaurants

Gener Neuv

Lungo Tanaro 4, Tel. (01 41) 55 72 70

Sonntag abends und Montag geschlossen, Betriebsferien: August.
Nobelrestaurant mit Spezialitäten (zum Beispiel Taube süßsauer).

Barolo & Co

Via Cesare Battisti 14, Tel. (01 41) 59 20 59

Montag geschlossen, Betriebsferien: Mitte August.
Regionale Küche; hausgemachte Teigwaren und köstliche Risotti.

Vineria Tabacanda

Via al Teatro Alfieri 5, Tel. (01 41) 530 99 99

Mittwoch geschlossen.
Weinausschank mit Vinothek und reichhaltiger Speisekarte.

Trüffeln

Fiera Regionale del Tartufo

Piazza San Secondo

21. November: von Sonnenauf- bis Sonnenuntergang.

Veranstaltungen

Weinfest *Douja d'Or* (Goldener Becher)

Anfang September, zehn Tage lang.

Douja ist die Bezeichnung für den traditionellen Tonbecher des Monferrato. Es finden große und renommierte Weinverkostungen vorwiegend piemontesischer Weine statt. Das Weinfest wird am zweiten Septembersonntag mit dem *Festival delle Sagre* (Kirchweihfest) abgeschlossen, bei dem die Gegend um die Piazza Alfieri zu einer einzigen Freiluftküche wird, wo die Bauern und Gastronomen der Provinz Asti ihre Spezialitäten anbieten. Man kann sich gewissermaßen wie im Schlaraffenland von einer Spezialität zur nächsten durchessen.

Palio d'Asti

Am dritten Sonntag im September.

Bei diesem Pferderennen, das im 13. Jahrhundert erstmals stattfand und eines der ältesten dieser Art in Italien ist, treten die einzelnen Stadtteile und einige umliegende Gemeinden gegeneinander an. Das Rennen führt auf ungesattelten Pferden durch die Straßen der Stadt zum *Campo del Palio,* wobei alle Mittel zur Behinderung der Konkurrenten erlaubt sind. Als Trophäe gibt es für den Sieger den *Palio*, ein rotes Preisbanner. Das Rennen wird mit einem prachtvollen Umzug in historischen Kostümen eingeleitet, auf den sich die einzelnen Stadtviertel monatelang vorbereiten. Die Stadt Alba karikiert diesen Palio mit einem Eselspalio.

BARBARESCO

Übernachtung

Vecchio Tre Stelle
Ortsteil Tre Stelle, Via Rio Sordo 13
Tel. (01 73) 63 81 92
Internet: www.vecchiotrestelle.it

Betriebsferien: Januar und zwei Wochen Mitte Juli. 3 Sterne; Doppelzimmer 75 Euro. Einfach und sehr gemütlich.

Restaurants

Antica Torre
Via Torino 8, Tel. (01 73) 63 51 70

Sonntag abends und Montag geschlossen, Betriebsferien: drei Wochen im August.

Klassische Gerichte und manchmal ausgefallene Speisen.

Vinotheken

Enoteca Regionale del Barbaresco

Via Torino 8a, Tel. (01 73) 63 52 51

Öffnungszeiten: 9:30 bis 13:00 Uhr und 14:30 bis 18:00 Uhr, Mittwoch geschlossen, Betriebsferien: Januar und zehn Tage im Juli.
Die Kirche San Donato aus dem 19. Jahrhundert bildet den Rahmen für diese herrliche Vinothek, die fast die gesamte Barbaresco-Produktion umfasst. Die Vinothek ist gemäß der Kirchenarchitektur in drei Zonen unterteilt: Im Mittelschiff der Kirche wird die Geschichte des Weins und dessen Herstellung mit Schautafeln, Fotografien und verschiedenen Dokumenten erzählt. Im rechten Schiff befinden sich Flaschenlager (Erdgeschoß) und Sekretariat (1. Stock), im linken Schiff finden Verkostungen und Verkauf statt.

Weinkellereien

Gaja

Via Torino 36a, Tel. (01 73) 63 51 58

Angelo Gaja ist ein Aushängeschild des italienischen Weins in der ganzen Welt. Seine berühmtesten Weine sind San Lorenzo, Costa Russi und Sori Tildin, die oft als Lagen-Barbarescos bezeichnet werden, was jedoch nicht stimmt. Der Sori Tildin wurde nach

der erfolgreichen Großmutter benannt und San Lorenzo wie Costa Russi bezeichnen nur Parzellen innerhalb der Lage Secondine.
Der Barolo SPERSS stammt aus Barolo-Lagen in Serralunga d'Alba. Weiters gibt es noch den Darmagi, einen Cabernet Sauvignon, und den Chardonnay Gaia & Rey. Die Gaja-Weine sind leider sehr teuer (kaum unter 100 Euro), nur der Sito Moresco, ein sehr guter Nebbiolo, der mit etwas Merlot und Barbera verschnitten ist, liegt mit zirka 30 Euro im mittleren Preisbereich. Es gibt jedoch keinen Direktverkauf an Private und die Kellereien können nur nach frühzeitiger vorheriger Anmeldung besichtigt werden.

Produttori del Barbaresco

Via Torino 52, Tel. (01 73) 63 51 39
Internet: www.produttori-barbaresco.it

Diese Genossenschaft hat durch konsequente Arbeit über Jahrzehnte sehr viel dazu beigetragen, dass der Barbaresco heute wieder ein Qualitätswein erster Güte ist. Die Kellerei verarbeitet die Traubenernte von über 60 Mitgliedern und produziert sowohl einfachen Barbaresco als auch Barbaresco aus Einzellagen (u. a. Asili, Rabajà, Rio Sordo, Pajé) und Langhe Nebbiolo. Alle Weine haben eine hervorragende Qualität und werden in einem guten Preis-Leistungs-Verhältnis angeboten.

Tenute Cisa Asinari

Via Rabajà 43, Tel. (01 73) 63 52 21

Der von Alberto De Gresy geführte Betrieb ist vor allem berühmt für seine drei Lagen-Barbarescos Gaiun, Camp Gros und Martinenga. Weiters produziert er einen sehr guten Dolcetto d'Alba Monte Aribaldo.

Bruno Rocca

Via Rabajà 29, Tel. (01 73) 63 51 12

Der Barbaresco Rabajà ist von allerbester Qualität. Daneben gibt es Dolcetto d'Alba, Nebbiolo Langhe und Barbera.

BAROLO

Übernachtung

Hotel Barolo

Via Lomondo 2, Tel. (01 73) 563 54

3 Sterne; Doppelzimmer 70 Euro. Die Zimmer sind mit antiken Möbeln eingerichtet und jedes nach einer der großen Barolo-Lagen benannt. Das Service zeichnet sich durch Professionalität und Herzlichkeit aus.

Restaurants

Brezza

Via Lomondo 2, Tel. (01 73) 561 91

Dienstag geschlossen, Betriebsferien: 20 Tage im Februar.
Ist dem Hotel Barolo angeschlossen und bietet beste Speisen der Langhe, allen voran den Schmorbraten in Barolosoße.

Borgo Antico

Piazza del Municipio 2, Tel. (01 73) 563 55

Mittwoch und Donnerstag geschlossen (Oktober und November nur Mittwoch geschlossen), Betriebsferien: im März und August.
Im Ortskern von Barolo. Traditionelle Gerichte mit moderner Raffinesse.

Vinotheken

Enoteca Regionale del Barolo

Castello, Tel. (01 73) 562 77

Öffnungszeiten: von 10:00 bis 12:30 Uhr und 15:00 bis 18:30 Uhr, Donnerstag geschlossen; Betriebsferien: im Januar.
Im wunderschönen alten Keller des Schlosses hob die Marquesa Giulia Falletti Mitte des 19. Jahrhunderts den ersten Barolo aus der Taufe. Hier kann man die Weine fast aller berühmten Barolo-Lagen zu angemessenen Preisen erwerben.

Weinkellereien

Marchesi di Barolo

Via Alba 12, Tel. (01 73) 56 44 00
Internet: www.marchesibarolo.com

Gehörte im 19. Jahrhundert zu den Pionieren des Barolo und arbeitet vorwiegend traditionell, wenn auch zum Teil schon mit modernen Methoden. Außergewöhnlich sind der große Barolo Riserva '90 (traditionell ausgebaut) und der Barolo Estate Vineyard '93, der in Barrique ausgebaut ist. Im historischen Keller gibt es eine Sammlung der großen Jahrgänge bis zurück ins 19. Jahrhundert.

Bartolo Mascarello

Via Roma 15, Tel. (01 73) 561 25

Ein vehementer Verfechter traditioneller Herstellungsmethoden. Sein klassischer Barolo ist von erster Güte.

Pira e Figli (Chiara Boschis)

Via Vittorio Veneto 1, Tel. (01 73) 562 47

Die Besitzerin Chiara Boschis produziert einen Barolo allerbester Qualität, ein warmer, kraftvoller Wein mit moderner Note, der dennoch in der Tradition verankert ist. Ihre Weingärten liegen im Herzen von Cannubi, der besten Lage in Barolo.

Luciano Sandrone

Via Pugnane 4, Tel. (01 73) 56 00 23
Internet: www.lucianosandrone.it

Ist einer der Neuerer in der Baroloszene. Sein Bravourstück ist der Cannubi Boschis, der seine Vorrangstellung konstant hält. Daneben gibt es einen hervorragenden Nebbiolo d'Alba Valmaggiore und einen Dolcetto d'Alba.

Veranstaltungen

Festa del Vino Barolo

Am zweiten Sonntag im September.
Verkostungen von Barolo-Weinen in den speziell dafür geöffneten Kellern.

CANELLI

Übernachtung

Grappolo d'Oro

Viale Risorgimento 59, Tel. (01 41) 82 38 12

Montag geschlossen.
3 Sterne; Doppelzimmer 70 Euro. Historisches Hotel mit gutem Restaurant in lokaler Tradition.

Restaurants

San Marco

Via Alba 136, Tel. (01 41) 82 35 44

Dienstag abends und Mittwoch geschlossen.
Betriebsferien: drei Wochen im Zeitraum Juli bis August.
Bekannte Feinschmeckeradresse mit gutem Service.
Besonders zu empfehlen: Gnocchi mit Castelmagno, Finanziera, Ziegenkitz mit Thymian.

Vinotheken

Enoteca Regionale di Canelli e delle Terre d'Oro

Corso Libertà 61

Hier werden vor allem Moscato und Asti Spumante ausgestellt und verkauft.

Weinkellereien

Gancia

Corso Libertà 66, Tel. (01 41) 83 01
Internet: www.gancia.it

Die Firma des Asti-Erfinders hat für die Schaumweine, die dieser Stadt zu Ruhm verholfen haben, historische Bedeutung. Der Betrieb erzeugt große Mengen und eine abwechslungsreiche Palette an süßen und trockenen Schaumweinen.

Giuseppe Contratto

Via G. B. Giuliani 56, Tel. (01 41) 82 33 49
Internet: www.contratto.it

Nach der Übernahme durch die Familie Bocchino hat diese historische Kellerei einen deutlichen Aufschwung erlebt und bietet neben dem Asti nun auch sehr guten Barolo und Barbera an.

CASTAGNOLE DELLA LANZE

Weinkellereien

La Spinetta – Rivetti

Via Annunziata 17, Tel. (01 41) 87 73 96
Mail: laspinetta@vinobit.it

Giorgio Rivetti ist berühmt für seinen Bricco Quaglia (Wachtelhügel), einen süßen und leicht prickelnden Moscato d'Asti, für den er schon in den 1980er Jahren vom italienischen Weinführer *Gambero Rosso* die Höchstnote *«Drei Gläser»* erhielt. Später folgten ein ungewöhnlich fest strukturierter Barbera namens Pin, den er als Hommage an seinen Vater Giuseppe kelterte, und Ende der 1990er Jahre drei exzellente Lagen-Barbarescos namens Starderi, Gallina und Valeirano. Rivetti wurde Winzer des Jahres und meistprämierter Erzeuger des *Gambero Rosso.*

CASTIGLIONE FALLETTO

Restaurants

Ristorante Le Torri

Piazza Vittorio Veneto 10, Tel. (01 73) 629 30

Mittwoch geschlossen, Betriebsferien: zwei Wochen im Zeitraum Januar/Februar.
Typische Gerichte der Langhe. In diesem Palazzo aus dem 18. Jahrhundert skizzierte der Naturwissenschafter Ferdinando Vignolo Lutati Ende des 19. Jahrhunderts die erste Karte mit den großen Barolo-Lagen.

Vinotheken

Bottega di Castiglione Falletto

Via Cavour 24, Tel. (01 73) 628 24

Weinkellereien

Cantine Terre del Barolo

Strada Alba-Barolo 5, Tel. (01 73) 26 20 53,
Internet: www.terredelbarolo.com

Diese Genossenschaft wurde 1958 gegründet und besteht aus über 500 Mitgliedern. Sie produziert die gesamte Palette der Weine aus den Langhe und verkauft sie in der neu errichteten Verkaufsstelle zu angemessenen Preisen.

Cavallotto Fratelli

Località Bricco Boschis 40, Via Alba-Monforte
Tel. (01 73) 628 14

Die Familie Cavallotto stellt mehrere Barolo-Arten her, die alle in der Tradition verankert sind. Der Betrieb ist wegen seiner Sammlung von alten Jahrgängen, aber auch wegen seiner anderen Weine (die alle zu korrekten Preisen angeboten werden) und nicht zuletzt wegen seiner Gastfreundlichkeit einen Besuch wert. Imposant ist die Reihe großer Eichenfässer im Keller.

Monchiero Fratelli

Strada Alba-Monforte 58, Tel. (01 73) 628 20

Die Familie Monchiero ist bekannt für qualitativ hochwertige Weine zu günstigen Preisen. Das Sortiment besteht aus Barolo, Barbera d'Alba und Dolcetto d'Alba.

Azelia

Strada Alba-Barolo 27, Tel. (01 73) 628 59

Zählt zu den interessantesten Kellereien im Barolo-Gebiet. Ausgezeichnet der Barolo Bricco del Fiasco und der Dolcetto Bricco Oriolo di Montelupo.

Paolo Scavino

Strada Alba-Barolo 59, Tel. (01 73) 628 50

Ein exzellenter Winzer der modernen Garde. Seine Kellerei ist beispielhaft für Funktionalität und Geschmack in der Ausstattung. Seine Barolo-Weine

(Cannubi, Bricco del Fiasco, Rocche dell'Annunziata di La Morra) sind wirklich empfehlenswert, ebenso der Dolcetto d'Alba und der hervorragende, in Barrique gereifte Barbera.

CIOCCARO DI PENANGO

Restaurants

Locanda del Sant' Uffizio

Tel. (01 41) 91 62 92, Internet: www.thi.it

Feine piemontesische Küche, allerdings nicht ganz billig. Das Restaurant ist dem gleichnamigen Hotel angeschlossen.

COSTIGLIOLE D'ASTI

Übernachtung

Hotel Le Campane

OrtsteilBoglietto, Strada Canelli 102
Tel. (01 41) 96 86 50

Sonntag abends und Dienstag geschlossen.
3 Sterne; Doppelzimmer 90 Euro. Gemütliche Zimmer. Das Hotel ist im ehemaligen Gästehaus des Weingutes Cora an der Straße zwischen Costigliole und Santo Stefano untergebracht.

Restaurants

Da Guido

Piazza Umberto 127, Tel. (01 41) 96 60 12

Nur abends geöffnet, Sonntag und Feiertag geschlossen.
Betriebsferien: 20. Dezember bis 15. Januar und die ersten beiden Wochen im August. Reservierung unbedingt erforderlich.
Dieses Restaurant ist ein Mythos und gehört zu den besten Italiens. Empfehlenswert ist alles, vom Parmesanauflauf über Paprikaroulade zu den zartesten Schmorbraten und Trüffelgerichten und vieles mehr. Überwältigende Weinauswahl. Auch die Besichtigung des Weinkellers sollte man nicht auslassen.

Vinotheken

Cantina Comunale

Via Roma 9

Öffnungszeiten: Freitag 10:00 bis 12:00 Uhr,
Samstag und Sonntag 10:00 bis 12:00 und 16:00 bis 19:00 Uhr.
In den schönen Kellerräumen des Rathauses kann man die Weine der Winzer von Costigliole verkosten, dazu werden kleine Häppchen gereicht. Neben den Weinen kann man auch kulinarische Spezialitäten erwerben.

Weinkellereien

Cascina Castlèt

Strada Castelletto 6, Tel. (01 41) 96 66 51

Mariuccia Borio, eine Meisterwinzerin und dynamische Unternehmerin, stellt verschiedene Spielarten von Barbera d'Asti her, wie den dichten und konzentrierten Passum und den eleganteren, würzigeren Policalpo. Weiters interessant der Moscato d'Asti und der Aviè, ein Süßwein aus getrockneten Trauben *(passito).*

Pietro Benotto

Ortsteil San Carlo 52, Tel. (01 41) 96 64 06

Der Betrieb besteht seit 1917 und keltert die sehr guten Lagen-Barberas Rupestris und Balau und einen Monferrato ausschließlich aus Nebbiolotrauben.

Bertelli

Ortsteil San Carlo 38, Tel. (01 41) 96 61 37

Das Weingut befindet sich in einem eleganten Chateau auf dem Hügel von San Carlo und ist seit 300 Jahren im Besitz der Familie. Neben den sehr guten Barbera-Varianten San Antonio und Montetusa gibt es auch eine Reihe von Weinen internationalen Schlags, wie den Cabernet Sauvignon Fossaretti und den Chardonnay Giarone.

GOVONE

Sehenswürdigkeiten

Barockschloss
Tel. (01 73) 588 09

Besichtigung gegen Voranmeldung jeden zweiten Sonntag von Mai bis September.
1778 nach Plänen von Filippo Juvarra an Stelle des früheren Kastells erbaut; reich dekorierter, dreiflügeliger Bau mit prächtiger Treppe, die mit mythologischen Reliefs geschmückt ist. Sehenswerte Innenräume, zum Teil von Luigi Vacca, einem Vertreter der illusionistischen Malerei des 19. Jahrhunderts, mit Freskenmalereien versehen, die verblüffende Täuschungen zeigen.

GRINZANE CAVOUR

Restaurants

Ristorante Castello
Castello di Grinzane, Tel. (01 73) 26 21 72

Dienstag geschlossen, Betriebsferien: Januar.
Die einstige Residenz des Grafen Cavour beherbergt neben der Enoteca Regionale dieses elegante Restaurant, in dem klassische Gerichte der Langhe serviert werden.

Vinotheken

Enoteca Regionale
Castello di Grinzane, Tel. (01 73) 26 21 59

Dienstag geschlossen.
Beherbergt die Sammlung piemontesischer Weine, die der Orden der *Cavalieri del Tartufo e dei Vini d'Alba* zusammengetragen hat. Der Orden präsentiert hier jedes Jahr eine Selektion der besten Weine aus den Langhe.

Veranstaltungen

Premio Grinzane Cavour

Ende Mai bildet das Castello Cavour den Rahmen für die feierliche Abschlussveranstaltung des Premio Grinzane Cavour, einem Literaturpreis für italienische und fremdsprachige Erzählungen.

LA MORRA

Übernachtung

Azienda Agrituristica Erbaluna
Ortsteil Annunziata, Borgata Pozzo 43, Tel. (01 73) 508 00, Internet: www.erbaluna.it

Betriebsferien: 1. Dezember bis 15. März.
Doppelzimmer 50 Euro. Übernachtung am Weingut, familiäre Atmosphäre, Mountainbike-Verleih.

Restaurants

Belvedere

Piazza Castello 5, Tel. (01 73) 50 190

Sonntagabends und Montag geschlossen, Betriebsferien: Januar und Februar.
Bietet die klassische Küche der Langhe seit vielen Jahren beständig auf höchstem Niveau, zum Beispiel Tajarin mit Geflügellebersoße oder Pilzen, Risotto mit Barolo oder Wachteln, Kalbs- und Rinderschmorbraten, Zicklein aus dem Ofen. Gianfranco Bovio, der Besitzer, gilt als einer der besten Trüffel-Experten der Region und ist immer der Erste, der die duftenden Knollen im Spätsommer serviert. Plätze im Freien mit herrlichem Blick über die Langhe.

Vinotheken

Cantina Comunale

Via Carlo Alberto 2, Tel. (01 73) 50 92 04

Diese Kellerei wird von 46 Winzern aus La Morra betrieben. Man kann hier Weine verkosten und fast alle in La Morra erzeugten Weine kaufen. Es gibt auch spezielle Abendveranstaltungen mit Wein- und Käseverkostungen.

Weinkellereien

Elio Altare

Ortsteil Annunziata, Borgata Pozzo 51,
Tel. (01 73) 508 35, Mail: elioaltare@libero.it

Elio Altare ist unbestritten der Wegbereiter der revolutionären neuen Herstellungstechniken in den Langhe, die dem Barolo und der gesamten Weingegend einen neuen Stellenwert und neue Marktanteile verschafft haben. Seine Weine sind zu Kultobjekten in der ganzen Welt geworden: Barolo Vigneto Arborina, Vigna Larigi (ein Barbera erster Güte), Vigna Arborina und Langhe La Villa.

Erbaluna

Ortsteil Annunziata, Borgata Pozzo 43,
Tel. (01 73) 508 00, Internet: www.erbaluna.it

Die Kellerei von Severino und Andrea Oberto zählt zu den wenigen Betrieben der Langhe, die biologischen Anbau betreiben. Besonders gelungen sind der Barolo Rocche und der Barbera d'Alba. Auch als Agriturismo-Betrieb (Urlaub am Bauernhof) geführt.

Roberto Voerzio

Strada Cerreto 1, Tel. (01 73) 50 91 96

Roberto Voerzio arbeitet mit gemischten Methoden und ist ein überzeugte Verfechter der Lagenweine. Die drei Lagen-Barolos Brunate, Cerequio und La Serra sind exzellent. Aber auch der Barbera d'Alba in den verschiedenen Versionen, der Dolcetto d'Alba und der Vignaserra (aus Barbera- und Nebbioloreben) sind konstant im Spitzenfeld der besten Weine der Langhe zu finden.

Renato Ratti

Ortsteil Annunziata 7, Tel. (01 73) 501 85

Renato Ratti war der Wegbereiter der Lagenabfüllungen in den Langhe. Der Betrieb wird heute von seinem Sohn Pietro und von Massimo Martinelli geführt, einem weiteren Protagonisten der modernen Weinszene. Die Spitzenweine der Kellerei sind die Barolos Marcenasco, Conca und Rocche, der Nebbiolo Ochetti di Monteu Roero und der Barbera d'Alba. An den Betrieb ist ein Museo dei Vini d'Alba angeschlossen.

Lorenzo Accomasso

Borgata Pozzo 34, Tel. (01 73) 508 43

Das Meisterstück dieses traditionell arbeitenden Betriebs ist der Barolo Vigneto Rocchette mit langer Reifezeit. Weitere Produkte: Barolo Rocche dell'Annunziata, Dolcetto Rocchettevino, Barbera.

Gianfranco Bovio

Borgata Ciotto 63, Ortsteil Annunziata,
Tel. (01 73) 501 90

Gianfranco Bovio ist Inhaber des Restaurants Belvedere. Sowohl im Restaurant als auch bei seinen Weinen folgt er der klassischen Linie: Barolo Vigneto Arborina und Vigneto Gattera, Barbera Regiaveja.

Veranstaltungen

Mangialonga

Am letzten Sonntag im August.

Seit 1987 gilt dieses Fest als großes Stelldichein im Barolo-Gebiet. Tausende junge und alte Leute treffen sich zu einem kulinarischen Spaziergang von etwa 3 Kilometer Länge, der sie durch die Weingärten zu Bauernhöfen und Feldkapellen führt. Bei dem fröhlichen Umzug werden an mehreren Stationen die einzelnen Gänge eines ausgiebigen piemontesischen Menüs eingenommen und dazu Wein getrunken. An der ersten Station gibt es Antipasti mit Dolcetto, an der zweiten Tagliatelle mit Barbera, Nebbiolo und Freisa, an der dritten Kalbsgulasch mit Barolo, an der vierten verschiedene Käsesorten wieder mit Barolo und an der letzten Maisgebäck, Haselnusstorte und Obst mit Moscato d'Asti. Der Umzug endet schließlich mit Musik und Tanz in einer Scheune.

LOAZZOLO

Übernachtung

Locanda degli Amici

Via Penna 9, Tel. (01 44) 872 62
Dienstag geschlossen, keine Betriebsferien.

Doppelzimmer 40 Euro. Gasthaus, in dem man nicht nur übernachten, sondern auch einfach und gut essen kann.

Weinkellereien

Forteto della Luja

Regione Bricco, Tel. (01 44) 871 97

Giancarlo Scaglione, der Besitzer des Weingutes, erzeugt fast ausschließlich Süßweine, die er aus Moscato- und Bracchettotrauben keltert. Sein Moscato passito Forteto della Luja wird z. T. als Spätlese geerntet und z.T. als sog. Strohwein *(passito)* gekeltert, d. h. die Trauben werden auf Strohmatten teilgetrocknet, bevor sie vergoren und zwei Jahre in Barrique ausgebaut werden. Dieser Wein ähnelt in der Stilistik den edelsüßen Beerenauslesen österreichischer und deutscher Prägung und hat maßgeblich dazu beigetragen, dass Loazzolo vor einigen Jahren als eigenes DOC-Anbaugebiet anerkannt wurde. Probieren sollte man auch den Bracchetto Pian dei Sogni und den roten Le Grive, einen Verschnitt aus Barbera- und Pinot-Nero-Trauben.

MONFORTE D'ALBA

Übernachtung

Giardino da Felicin
Via Vallada 18, Tel. (01 73) 782 25

3 Sterne; Doppelzimmer 80 Euro. Ruhige, komfortable Zimmer mit schönem Blick auf die Hügellandschaft. Sehr gutes Essen.

Restaurants

Giardino da Felicin
Via Vallada 18, Tel. (01 73) 782 25

Sonntag abends und Montag geschlossen.
Betriebsurlaub: Januar und Februar sowie zehn Tage im Juli.
Seit vielen Jahren ein beliebtes Ziel für Feinschmecker. Traditionelle Gerichte werden mit Leichtigkeit und Fantasie variiert. Freundliche Atmosphäre.

Trattoria della Posta
Località Sant' Anna 87, Tel. (01 73) 781 20

Donnerstag ganztägig und Freitagmittags geschlossen, Betriebsurlaub: zehn Tage im Februar und eine Woche im Juli.
Hat seit jeher einen legendären Ruf. Liegt einige Kilometer außerhalb Monfortes in einem sorgfältig restaurierten Landhaus, wo man im Sommer auch

im Freien sitzen und den unvergleichlichen Blick über die Langhe genießen kann. Zu empfehlen sind entbeinte und gefüllte Wachteln, Kalbshaxe mit Barolo und lokale Dessert-Spezialitäten.

Vinotheken

Enoteca di Monforte

Via Palestro 2, Tel. (01 73) 78 72 59

Weinkellereien

Aldo Conterno

Località Bussia 48, Tel. (01 73) 781 50

Aldo Conterno ist einer der angesehensten Traditionswinzer in den Langhe. Seine drei Barolo-Versionen Gran Bussia Riserva, Bussia Soprana und Vigna Colonnello sind traditionelle Weine mit langer Reifung, die in der Jugend mächtig und hart, aber durch viel Fruchtextrakt balanciert sind und im Alter das unvergleichliche Veilchen-Trüffel-Tee-Aroma eines großen Barolo entwickeln. Für Freunde von zugänglicheren Weinen gibt es den Freisa Bussianella. Weiters sind noch erwähnenswert der Barbera d'Alba Conca Tre Pile und der Nebbiolo Favot.

Giacomo Conterno

Località Ornati 2, Tel. (01 73) 782 21

Besitzer der Kellerei ist Giovanni Conterno, der ältere Bruder von Aldo. Er gehört zu den bedeutendsten Winzern der Langhe und erzeugt den legendären

Monfortino, eine nur in großen Jahrgängen abgefüllte und lange gereifte Barolo-Auslese. Weiters sind sein Dolcetto und sein Barbera zu empfehlen, zwei außergewöhnlich duftige und süffige Weine.

Giuseppe Mascarello e Figli

Monchiero, Via Borgonuovo 112
Tel. (01 73) 79 21 26

Alteingesessener Betrieb mit langer Tradition. Exzellent sein traditioneller Barolo, der aus den besten Lagen in Monforte und Castiglione Falletto stammt. Ebenfalls ausgezeichnet sein Barbaresco Marcarini sowie der Dolcetto und der Barbera d'Alba.

Conterno-Fantino

Bricco Bastia, Via Ginestra 1, Tel. (01 73) 782 04,
Mail: info@conternofantino.it
Internet: www.conternofantino.it

Eine prachtvolle, moderne Kellerei, in der mit den Brüdern Claudio und Diego Conterno in den Weingärten und Guido Fantino im Keller drei Stars der jungen Generation höchste Qualität produzieren. Zu den hervorragenden Produkten zählen Barolo Sorì Ginestra und Barolo Vigna del Gris wie auch der Langhe Rosso Monprà.

Domenico Clerico

Località Manzoni Cucchi 67, Tel. (01 73) 781 71

Ein moderner Erzeuger auf höchstem Qualitätsniveau. Besonders gut die Lagen-Barolos Ciabot, Mentin, Ginestra und Pajana und der elegante

Langhe Rosso Arte, ein Verschnitt aus Nebbiolo und Barbera, weiters der Barbera Trevigne und der Freisa Ginestrina.

Armando Parusso

Località Bussia 55, Tel. (01 73) 782 57

Herausragend der Barolo Bussia Vigna Munie und der Barolo Bussia Vigna Rocche sowie der Barbera d'Alba Bricco Pugnane und der Langhe Bianco Rovella.

Elio Grasso

Località Ginestra 40, Tel. (01 73) 784 91

Eine herrliche Kellerei in der Lage Gavarini, wo mit modernen Methoden Weine höchster Qualität hergestellt werden: Barolo Ginestra Vigna Casa Matè, Barolo Gavarini Vigna Chiniera, Barbera d'Alba Vigna Martina und Langhe Chardonnay Educato.

Veranstaltungen

Musik auf der Piazetta

Im Juni, Juli und August werden auf dem schönen, kleinen Platz am höchsten Punkt des Ortes Konzerte mit klassischer Musik aufgeführt; im September: Liedermacher und Jazz.

NEIVE

Übernachtung

Locanda La Contea
Piazza Cocito 8, Tel. (01 73) 671 26

Doppelzimmer 80 Euro. Alter Palazzo mit Blick auf die schöne Piazzetta Cocito. Gleich daneben das bekannte Restaurant gleichen Namens.

Restaurants

La Contea
Piazza Cocito 8, Tel. (01 73) 671 26

Sonntagabends und Montag geschlossen; im Herbst kein Ruhetag.
Das Restaurant hat im ganzen Piemont einen guten Namen. Die kleinen Räume aus dem 19. Jahrhundert sind sehr schön eingerichtet mit Stilmöbeln und Deckenfresken. Besonder delikat: Ravioli, Tajarin, geschmortes Lamm und pikantes Kaninchen. In der Saison ausgezeichnete Pilz- und Trüffelgerichte.

Vinotheken (und Feinkost)

Bottega dei Quattro Vini
Piazza Italia, Tel. (01 73) 67 70 14

Montag und Dienstag geschlossen.

Öffnungszeiten: Mittwoch, Donnerstag und Freitag 14:00 bis 19:00 Uhr; Samstag, Sonntag und Feiertag 10:30 bis 13:00 Uhr und 14:30 bis 19:00 Uhr. Hier kann man alle DOC-Weine aus Neive (Barbaresco, Barbera, Dolcetto und Moscato) verkosten und günstig erwerben.

Al Nido della Cinciallegra
(Zum Kohlmeisennest)
Enoteca Contea
Piazza Cocito

Hervorragende Auswahl an Weinen mit historischen Jahrgängen und eine Sammlung von Gaja-Weinen, wie man sie kaum anderswo findet. Delikate Käse- und Schokoladespezialitäten und im Herbst Trüffeln.

Weinkellereien

Bruno Giacosa
Via XX Settembre 52, Tel. (01 73) 670 27,
Internet: www.brunogiacosa.it

Bruno Giacosa ist ein VIP unter den piemontesischen Winzern. Er stellt Weine mit traditioneller Note her, die sich durch ihre Langlebigkeit auszeichnen, wie sein Barbaresco Santo Stefano di Neive e Gallina, der Barolo Collina Rionda, der Arneis und der Giacosa Brut.

Paitin

Pasquero Elia
Via Serra Boella 20, Tel. (01 73) 673 43
Internet: www.paitin.it

Die Familie Pasquero ist berühmt für den Barbaresco Paitin, der ihrem Betrieb den Namen gab und aus der Spitzenlage ihrer Weingärten stammt. Weiters gibt es einen sehr guten Dolcetto d'Alba.

Fratelli Cigliuti

Località Serra Boella 17, Tel. (01 73) 67 71 85

Renato Cigliuti hat einen großen Namen und macht Weine auf höchstem Niveau, seine zwei besten sind der Barbaresco Serraboella und der Langhe Rosso Bricco Serra.

Grappa

Romano Levi

Via Borgo Stazione

Romano Levi ist weltberühmt für seine Grappe und schmückt seine Flaschen mit selbst entworfenen, leicht surrealistischen Etiketten. Sein kräftiger Grappa ist für wahre Kenner, aber nicht gerade leicht zu erstehen, weil sich Romano, der etwas scheu und zurückgezogen ist, nur allzu schwer von seinen Geschöpfen trennt.

Veranstaltungen

Neive in Festa

Erste Woche im September.

Dreitägiges Fest mit Musik, Tanz, Theater und Kulturveranstaltungen. Höhepunkt am dritten Tag (Sonntag), wenn die privaten Gärten für alle geöffnet werden und bei Musik von Folkloregruppen typische Gerichte und Weine verkostet werden.

ROCCHETTA TANARO

Weinkellereien

Braida di Bologna Giacomo

Via Roma 94, Tel. (01 41) 64 41 13
Mail: info@braida.it, Internet: www.braida.it

Giacomo Bolgogna hat den säurebetonten Durchschnittswein Barbera durch biologischen Säureabbau und Barrique-Ausbau zu einem Qualitätswein erster Güte gemacht und mit seinem Bricco dell' Uccellone neue Maßstäbe in der Barbera-Produktion gesetzt. Danach folgten Bricco della Bigotta und der Ai Suma aus spät gelesenen Trauben, die beide noch besser gerieten. Seit seinem frühen Tod führen Tochter Raffaela und Sohn Beppe den Betrieb.

SAN MARTINO ALFIERI

Weinkellereien

Marchesi Alfieri

Piazza Alfieri 32, Tel. (01 41) 97 60 15
Mail: latota@tin.it, Internet: www.wines.com/alfieri

Die drei Schwestern Giovanna, Emanuela und Antonella di San Germano haben seit 1990 mit Hilfe des Önologen Giancarlo Scaglione die Weinbautradition des Schlosses wiederbelebt und erzeugen heute ausgezeichneten, in Barrique ausgebauten Barbera d'Asti wie den La Tota und den noch besseren Alfiera. Seit einigen Jahren keltern die Schwestern unter ihrem Familiennamen San Germano auch einen raren Pinot Nero (Spätburgunder), der hier schon zu Zeiten Cavours kultiviert wurde.

SANTO STEFANO BELBO

Übernachtung

Ca' d'Gal

Ortsteil Valdivilla, Strada Vecchia 108
Tel. (01 41) 84 71 03

Gegen Voranmeldung immer geöffnet, Betriebsferien: drei Wochen im Januar und zwei Wochen im September.

Agriturismo-Betrieb (Urlaub am Bauernhof) mitten im Moscato-Gebiet. Gute lokale Küche und schöner Ausblick auf die Weinhügel in der Umgebung.

Sehenswürdigkeiten

Geburtshaus von Cesare Pavese

Tel. (01 41) 84 49 42

Geöffnet: Samstagnachmittags und Sonntag, sonst nur nach Voranmeldung.
Hier hat die Vereinigung *«Amici del Moscato»* (Freunde des Moscato) ihren Sitz, die unter anderem jedes Jahr den Cesare-Pavese-Literaturpreis verleiht.

Centro Studi Cesare Pavese

Biblioteca Civica, Viale San Maurizio
Tel. (01 41) 84 08 94

Öffnungszeiten: 9:00 bis 12:00 Uhr und 14:30 bis 18:30 Uhr, Sonntag und Montag geschlossen.
Das Studienzentrum bietet eine gut dokumentierte Ausstellung über Leben und Werk Paveses. Der Direktor Franco Vaccaneo, ein profunder Kenner Paveses und Beppe Fenoglios, des anderen Dichters der Langhe, gibt auch gerne Auskunft über Traditionen und Kultur der Langhe und des Belbo-Tals.

Pavese-Gedenkstätten

Das Centro Studi ist Ausgangspunkt für einen gut beschilderten Rundweg (teilweise zu Fuß, teilweise mit dem Auto) zu Orten, in denen Pavese gelebt hat oder die in seinen Erzählungen vorkommen. Nähere Informationen erhält man im Studienzentrum.

Weinkellereien

Piero Gatti

Località Moncucco 28, Tel. (01 41) 84 09 18

Erzeugt ausgezeichneten Moscato d'Asti und eine kleine Menge von süßem Bracchetto.

Ca' d'Gal

Località Valdivilla 108, Tel. (01 41) 84 71 03

Erzeugt wunderbaren Moscato (Vigneto Ca' d'Gal und Vigna Vecchia), aber auch sehr guten Rotwein, nämlich den Freisa Langhe Pian el Gaje und einen Dolcetto d'Alba.

Marco Bianco

Località Valdivilla 70, Tel. (01 41) 85 50 21

Stellt ausschließlich Moscato d'Asti her, aber das in exzellenter Qualität.

SERRALUNGA D'ALBA

Sehenswürdigkeiten

Kastell
Tel. (01 73) 61 33 58

Öffnungszeiten: von April bis September von 9:30 bis 12:00 Uhr und 14:00 bis 18:00 Uhr, von Oktober bis März von 10:00 bis 12:00 Uhr und von 14:00 bis 17:00 Uhr.
1340 von Pietro Falletti als Wehrburg erbaut.

Vinotheken

Bottega del Vino
Via Foglio 1

Dienstag bis Sonntag geöffnet; von Dezember bis März geschlossen.
In dieser Vinothek, die von den Weinbauern aus Serralunga betrieben wird, kann man die Weine aus den Weinbergen der Umgebung verkosten. Die Bottega organisiert jeden dritten Sonntag im Juni die Veranstaltung *«Degustare per Vigne»*, einen Wein- und Spezialitätenspaziergang durch die großen Lagen von Serralunga.

Weinkellereien

Giuseppe Cappellano
Via Alba 13, Tel. (01 73) 61 31 03

Dieser Betrieb wurde von Giuseppe Cappellano gegründet, der den Barolo Chinato erfunden hat. Heute leitet Teobaldo Cappellano den Betrieb. Neben dem berühmten Barolo Chinato stellt er noch den Barolo Otin Fiorin Collina Gabutti, den Barbera d'Alba Gabutti und einen Nebbiolo d'Alba her.

Renato Massolino

Piazza Capellano 6, Tel. (01 73) 61 31 38

Sein Weinberg Vigna Rionda gehört zu den besten Barolo-Lagen; aus den Trauben werden Weine mit klassisch-majestätischem Charakter gekeltert, wie der Barolo Parafada oder der Barolo Vigneto Margherita.

Ettore Germano

Località Cerretta 1, Tel. (01 73) 61 35 28

Der Famililenbetrieb wird von Sergio Germano geleitet. Bemerkenswert ist der Barolo Cerretta und der Dolcetto d'Alba Pra di Po, ebenso der modern gekelterte Barbera d'Alba Vigna della Madre und der Langhe Rosso Balau, ein bisher unbekannter Verschnitt aus Dolcetto und Barbera, der in Barrique ausgebaut wird.

Veranstaltungen

Degustare per Vigne

Am dritten Sonntag im Juni.

Spaziergang durch die Weingärten, bei dem die

großen Barolo-Weine mit örtlichen Spezialitäten am Ort ihres Ursprungs verkostet werden.

SERRALUNGA DI CREA

Weinkellereien

Tenuta La Tenaglia

Via Santuario di Crea, Tel. (01 42) 94 02 52
Mail: info@latenaglia.com
Internet: www.latenaglia.com

Hier gibt es sehr guten Barbera und Grignolino zu verkosten und zu kaufen.

TREISO

Weinkellereien

Fiorenzo Nada

Località Rombone

Einer der interessantesten Betriebe von Treiso. Fiorenzo und sein Sohn stellen wenige Weine her, die aber qualitativ im Spitzenfeld liegen: Barbaresco, Seifile (ein Verschnitt aus Barbera und Nebbiolo, in Barrique ausgebaut) und Dolcetto d'Alba.

Giorgio Pelissero

Via Ferrere 19, Tel. (01 73) 63 81 36 Mail: pelissero@pelissero.com
Internet: www.pelissero.com

Ausgezeichnet der Barbaresco Vanotu, der Dolcetto d'Alba Augenta und der Barbera I Piani. Auch der Freisa und der Grignolino sind zu empfehlen.

Eredi Locali

Viale Rimembranza 5, Tel. (01 73) 63 81 09

Die Winzerin Rita Lodali stellt einen ausgezeichneten Barbaresco Rocche dei Sette Fratelli und Barolo Bric Sant' Ambrogio her, weiters einen Dolcetto d'Alba, einen Barbera d'Alba und einen Chardonnay.

TURIN

Auskunft

Turismo Torino

Piazza Castello 165, Tel. (011) 53 51 81
Fax (011) 53 00 70

Übernachtung

Grand Hotel Sitea

Via Carlo Alberto 35, Tel. (011) 517 01 71

Doppelzimmer 210 Euro. Im Zentrum; eines der besten Hotels in Turin.

Turin Palace Hotel
Via Sacchi 8, Tel. (011) 562 55 11

Doppelzimmer 190 Euro. Hier wohnte auch Kaiserin Sisi.

Crimea
Via Mentana 3, Tel. (011) 660 47 00

Doppelzimmer 110 Euro. Ruhige Herberge in einem vornehmen Stadtteil nahe des Po.

Liberty
Via Pietro Micca 15, Tel. (011) 562 88 01

Doppelzimmer 100 Euro. Familiäre Pension im 3. Stock eines Jugendstilgebäudes.

Restaurants

Del Cambio
Piazza Carignano 2, Tel. (011) 54 37 60

Sonntag geschlossen, Betriebsferien: August und Anfang Januar.
Legendäres historisches Restaurant mit feinster Küche und luxuriöser Innenausstattung aus dem 19. Jahrhundert.

Tre Galline
Via Bellezia 37, Tel. (011) 436 65 53

Montagmittags und Sonntag geschlossen.
300 Jahre altes Lokal mit Piemonteser Spezialitäten.

Cafés

Al Bicerin

Piazza della Consolata 5, Tel. (011) 436 93 25

Geöffnet: 8:30 bis 19:30 Uhr, Mittwoch geschlossen.
Besteht seit 1763; kleiner, holzgetäfelter Raum. Spezialität: Il Bicerin (halb Kaffee, halb Kakao).

Baratti-Milano

Piazza Castello 27, Tel. (011) 561 30 60

Geöffnet: 8:00 bis 20:00 Uhr, Montag geschlossen. Das kostbar eingerichtete Café liegt in der Einkaufspassage Subalpina und hat neben herrlichen Torten die berühmten Giandujotti, das sind Nougat-Nuss-Pralinen, die angeblich in der Zeit der napoleonischen Belagerung Turins entstanden, als man das knappe Kakaopulver mit reichlich vorhandenen Haselnüssen streckte. Ihr Name geht auf die populäre Theaterfigur Gianduia zurück, einen piemontesischen Vetter des deutschen Hanswurst.

Fiorio

Via Po 8, Tel. (011) 817 06 12

Von früh bis nachts geöffnet, Montag geschlossen. Seit 1780 Treffpunkt für Intellektuelle und Künstler, wo auch Nietzsche zu Gast war. Es gibt hier das beste Eis Turins.

San Carlo

Piazza San Carlo 156, Tel. (011) 53 25 86

Prachtvolles Interieur; wurde 1842 eröffnet und besonders vom piemontesischen Beamtenadel frequentiert.

VIGNALE MONFERRATO

Weinkellereien

Bricco Mondalino

Vignale Monferrato, Tel. (01 42) 93 32 04

Der Besitzer Mauro Gaudio ist vor allem für seine Grignolino-Weine bekannt.

ZUM WEITERLESEN

Fritz Baumgart: Oberitalien, Köln 1988

Horst Dohm und Jürgen Röhrscheid: Flaschenpost aus Piemont, München 1998

Günter Engler: Oberitalien, Bern 1980

Eberhard Fohrer: Oberitalien, Erlangen 1999

Helene Höngesberg und Johannes Klekamp: Piemont, Köln 2003

Jenny John: Merian live! Piemont und Lombardei, München 1999

Ida Leinberger und Walter Pippke: Piemont und Aosta-Tal, Köln 2001

Merian 9/1999: Piemont, Turin

Martina Meuth und Bernd Neuner-Duttenhofer: Piemont und Aosta-Tal, München 1996

Heinz Schomann: Piemont, Ligurien, Aosta-Tal, Stuttgart 1982

Slow Food (Hg.): Barolo, Barbaresco. Atlas der Lagen, Weine, Produzenten, Bern 2000

Slow Food (Hg.): Piemont. Barolo und Barbaresco, München 2002

Slow Food (Hg.): Piemont. Langhe und Roero, Bern 2001

Eckhard Supp: Barolo, Barbaresco, Barbera & Co., Offenbach/Main 2002

Touring Club Italiano (Hg.): Piemonte, Valle d'Aosta, Mailand 1996

Luigi Veronelli: Restaurants in Italien, München 2002

Dr. Herbert Voglmayr
Autor

Jahrgang 1948, geboren und aufgewachsen in Enzenkirchen, Oberösterreich. Nach dem Besuch der Volks-, Haupt- und Mittelschule Studium der Sozial- und Wirtschaftswissenschaften an der Universität Linz und der Wirtschaftsuniversität Wien. Während des Studiums Ferialarbeit in den USA und Schweden.

Berufliche Tätigkeit an der Universität und in der Erwachsenenbildung, besonders in der Konzeption und Entwicklung von Aus- und Weiterbildungsprogrammen für die österreichische Bundesverwaltung. Wissenschaftlicher Mitarbeiter und zuletzt Leiter der Verwaltungsakademie des Bundes. Häufige Sprach- und Studienreisen nach Italien und in andere Mittelmeerländer.

Die nächste Weinreise von Herbert Voglmayr erscheint im Frühjahr 2004

Auf historischen Spuren zu großen Weinen TOSKANA

Im zweiten Teil der historischen Spuren zu den großen Weinen führt Herbert Voglmayr in die Toskana. Dieser Teil Italiens zählt unbestritten zu den landschaftlich reizvollsten: sanfte Hügeln, mittelalterliche Dörfer, mondäne Städte und der unvergleichliche Duft der mediterranen Vegetation. Und nicht wegzudenken: die schier unendliche Vielfalt von Gaumenfreuden, die Körper, Geist und Seele verzaubert.

In bewährter Weise führt der Autor die LeserInnen in einem geschichtlichen Zeitraffer durch das Land des weltberühmten Chianti und stellt die Entwicklung des Landes und des Weinbaus kurzweilig dar. Wer auf den Geschmack gekommen ist und eine Reise dorthin plant, wird mit allen wichtigen Informationen bestens versorgt. Reiserouten, Weinbaubetriebe, Lokale, die von Einheimischen gerne besucht werden und jede Menge an Tipps zu Weinen und typischen Speisen machen dieses Buch zu einem unverzichtbaren Reisebegleiter. Und jene, die Lust bekommen, die Toskana zumindest kulinarisch zu Hause zu erleben, werden mit zahlreichen, leicht nach zu kochenden Rezepten und Weinempfehlungen verwöhnt.

Liebe Leserinnen und Leser,

wir würden uns sehr freuen, wenn Sie dieses Buch besprechen und weiter empfehlen, ersuchen Sie aber höflich, dabei nicht auf die genauen Angaben von Autor und Verlag zu vergessen, da das Werk weltweit urheberrechtlich geschützt ist.

Sollten Sie an der Organisation einer Lesung oder Besprechung mit dem Autor dieses Buches interessiert sein, unterstützen wir Sie dabei gerne; wenden Sie sich bitte direkt an den Verlag.

Trotz gewissenhafter Recherchen und Überprüfungen seitens des Autors und des Verlages kommt es leider immer wieder vor, dass bestimmte Angaben, wie zum Beispiel Telefonnummern, eMail-Adressen oder Öffnungszeiten, sehr kurzfristig ihre Aktualität verlieren. Daher können solche Angaben nur ohne Gewähr erfolgen. Wir bitten Sie dafür um Verständnis. Für Richtigstellungen von eventuell solcher Art entstandenen Fehlern oder für sonstige Hinweise auf zwischenzeitlich eingetretene Änderungen danken wir Ihnen bereits vorab herzlich.

Jedwede Beschreibung von Rezepten und Weinen erfolgte aufgrund eingehender Nachforschungen, empirisch kulinarischer Verkostungen und der Einbindung von Kochprofis und Sommeliers im Piemont und in Österreich. Die Auswahl der genannten Ingredienzien basiert auf deren traditioneller Verwendung in den Küchen des Piemonts. Dennoch können weder Autor noch Verlag irgendwelche Gewähr für die Bekömmlichkeit und individuelle Verträglich der rezeptierten Speisen und Getränke leisten.

Für weitere Informationen über das Buch und andere Verlagsangebote besuchen Sie bitte unsere Verlags-Website **www.verlag55plus.com**.

VERLAG 55 PLUS
Denn das Leben ist. Freude.